마음과 고통의
돌봄을 위한 인문학

경희대학교 인문학연구원
<통합의료인문학연구단>
통합의료인문학
학술총서 _12

마음과 고통의
돌봄을 위한 인문학

김현수 박성호 이동규 이은영 최우석 최지희 지음

Humanities for the Care of Mind and Suffering

도서출판 모시는사람들

경희대학교 인문학연구원 / HK+통합의료인문학연구단 / 통합의료인문학 학술총서12

마음과 고통의 돌봄을 위한 인문학

등록 1994.7.1 제1-1071
1쇄 발행 2024년 2월 20일

기 획   경희대학교 인문학연구원 HK+통합의료인문학연구단
지은이   김현수 박성호 이동규 이은영 최우석 최지희
펴낸이   박길수
편집장   소경희
편 집   조영준
관 리   위현정
디자인   조영준
펴낸곳   도서출판 모시는사람들
         03147 서울시 종로구 삼일대로 457(경운동 수운회관) 1207호
전 화   02-735-7173 / 팩스 02-730-7173

인 쇄   피오디북(031-955-8100)
배 본   문화유통북스(031-937-6100)
홈페이지 http://www.mosinsaram.com/

값은 뒤표지에 있습니다.
ISBN   979-11-6629-185-2   94000
세 트   979-11-6629-001-5   94000

이 저서는 2019년 대한민국 교육부와 한국연구재단의 지원을 받아 수행된 연구임
(NRF-2019S1A6A3A04058286).

'고통'은 의료의 오래된 화두 가운데 하나입니다. 인간의 생애주기에서 나타나는 생로병사(生老病死) 그 어디에서도 고통은 늘 빠지지 않습니다. 의료 현장에서 환자의 고통을 줄여 주기 위해 진통제를 처방하는 것에서 부터 말기 암 환자의 삶의 질[QOL(quality of life)]을 위하여 호스피스 치료를 수행하는 것에 이르기까지, 고통을 어떻게 바라보고 다스릴지에 대한 문제는 의료의 영원한 과제라고 할 것입니다.

그러하기에 고통의 문제는 동시에 의료인문학의 중요한 논제이기도 합니다. 의학이 발달하면서 고통을 다스릴 수 있는 다양한 기술적 대안이 등장했지만, 동시에 이처럼 발달된 의학이 인간의 고통을 얼마나 효율적으로 다스릴 수 있을지에 대한 비판적 반성도 활발해지고 있습니다. 고통은 단지 신체만의 문제가 아니라, 인간의 마음이 함께 작용하는 영역이기 때문입니다.

경희대학교 인문학연구원 HK+통합의료인문학연구단에서는 2019년 이래로 생로병사 중심의 주제팀을 구성하여 의료인문학의 제 문제에 대한 연구를 거듭해 왔습니다. 5차년도인 2023년에는 주제별 연구의 성과를 토대로 인간의 생애주기를 관통하는 화두에 대한 공동 연구를 수행하

고자 하였습니다. 그리하여 '고통과 돌봄'의 문제에 대하여 '기술'과 '마음'
이라는 두 개의 키워드를 중심으로 연구를 진행하였습니다.

『마음과 고통의 돌봄을 위한 인문학』은 그중에서도 '마음'의 키워드에
해당하는 연구 성과들을 정리한 책입니다. 고통을 이렇게 이해하고 다스
릴지에 대한 문제는 동시에 고통을 마주하는 인간의 마음과도 긴밀하게
연결되어 있다는 문제의식하에 고통 앞에 선 환자는 물론이려니와 의료
인이나 간병인, 나아가서는 사회 일반의 문제까지도 포괄적으로 다루고
자 한 것이 이 책의 목표라고 하겠습니다.

1부 〈고통을 바라보는 인문학적 시선〉에서는 고통과 마음의 문제에 대
한 인문학적 접근과 분석을 주로 다루었습니다. 후설의 현상학적 방법에
따른 정신의학의 현상학적 연구에 대해 개괄하고 이를 바탕으로 정신의
학의 복잡성에 따른 돌봄의 중요성을 강조한 최우석의「정신병과 돌봄-현
상학적 이해를 중심으로」, 1945년 히로시마 원폭 투하 후 발생한 피폭 환
자들과 이를 목도한 의료인들의 체험을 세밀하게 검토함으로써 피폭에
대한 공포와 고통의 문제에 접근하고자 한 이동규의「「히로시마」에서의
'피폭자' 증언 속 의료인의 경험」, 현재 한국 사회에서 중등도 이상의 치매
를 앓는 환자를 집에서 돌보는 보호자들이 직면하게 되는 문제점들을 분
석한 김현수의「중등도 이상 치매 환자 재가 돌봄의 어려움」이 1부를 구
성하고 있습니다.

2부 〈마음을 다스리는 인문학적 치유〉에서는 생로병사의 생애주기 속
에 놓인 인간의 고통을 다스리기 위한 방식의 하나로 '마음'에 대한 돌봄

에 주안점을 두어 의료적 차원에서 어떠한 시도들이 있었으며 어떠한 논의들이 필요한지를 담아 냈습니다. 정신 질환에 대한 치료가 본격화되기 이전부터 대화를 통한 마음 다스림의 방식으로 고통을 완화하고자 했던 시도들을 다룬 박성호의 「대화를 통한 마음 다스림과 치유의 가능성-근대 초기 소설을 중심으로」, 정신과 신체의 수양이라는 관점에서 일상 속에서의 고통을 완화하고 이를 토대로 근대 중국 국민들의 위생과 건강 문제를 다루고자 했던 시도를 탐구한 최지희의 「근대 중국 사회의 마음 다스림-도인양생술에서 국민체조로」, 불교의 자리이타적 관점에서 출발하여 현대 한국 사회의 돌봄에서 가장 의료인과 환자의 가장 적절한 관계가 어떤 것인지를 고찰한 이은영의 「돌봄의 질 향상을 위한 의료인-환자 관계」가 그것입니다.

『마음과 고통의 돌봄을 위한 인문학』을 통해 인간의 생애주기를 관통하는 '고통'과 이에 대한 '돌봄'의 문제를 바라보는 시야를 넓히고 오늘날 우리가 직면한 의료의 제 문제들을 돌이켜 보는 계기가 되기를 바랍니다. 아울러서 '기술'이라는 관점에서 고통과 돌봄의 문제에 접근하고자 한 『첨단 기술 시대의 인간과 의료』와의 통섭을 바탕으로 본 HK+통합의료인문학이 도달하고자 하는 궁극적인 목표인 '4차 산업혁명 시대의 인간 가치 탐구'에 새로운 전기를 마련할 수 있게 되기를 기대합니다.

경희대학교 인문학연구원 HK+통합의료인문학연구단

차례

1부 / 고통을 바라보는 인문학적 시선

마음과 고통의 돌봄을 위한 인문학

2부 / 마음을 다스리는 인문학적 치유

1부
고통을 바라보는
인문학적 시선

정신병과 돌봄*

—현상학적 이해를 중심으로

최우석

경희대학교 인문학연구원 HK+통합의료인문학연구단 HK연구교수

* 이 글은 「현상학과 우울증: 현상학적 정신의학 연구를 위한 서론적 이해」(『현상학과 현대철학』 98, 2023.9)를 바탕으로 수정 및 발췌한 것이다.

1. 서론

이 글에서는 현상학(phenomenology)을 창시한 후설(E. Husserl, 1859-1938)의 현상학적 방법에 따른 정신의학의 현상학적 연구가 무엇인지를 개괄한 후, 정신 질환의 복잡성에 따른 돌봄의 중요성을 강조하여 소개한다. 정신 질환에는 수많은 증상이 있지만, 이 글은 '우울장애(depressive disorders)'라고 불리는 '우울증'을 하나의 사례로 들어 현상학적 정신의학 연구 방법을 확인하고 그에 따른 돌봄의 필요성을 고찰한다. 이를 위해 현상학적 방법이 무엇인지를 살피고, 정신의학에서 현상학의 역할과 그와 같은 탐구 방법의 의의를 확인한 후 '총체적인 돌봄'의 필요성을 강조한다.

먼저 이 장에서 다루는 정신 질환의 한 사례인 우울증을 간략하게 살펴보자. 우울증은 스펙트럼이 다양한 질병으로서 그 정도와 심각성을 확인하기 어려우며 직접적인 원인 규명도, 그에 따른 명확한 진단도 쉽게 단정되지 않는다. 우울증을 이해하고 치료하기 위해서는 진단-평가에서부터 적절한 치료에 이르기까지 세심한 노력이 요구된다. 『소피의 선택』으로 유명한 소설가 스타이런(W. Styron, 1925-2006)은 고통스러웠던 우울증의 경험을 회고하며 "인정하기 힘들지만, 우울증은 여전히 미스터리로 남아 있다."고 주장했다. 그에 따르면 우울증은 '과학을 괴롭히고 있는 다른 많은 질병보다 더욱 자신의 비밀을 드러내지 않으려는 병'이다.(스타이런 2002, 15) 스타이런은 이해하기도 설명하기도 어려운 우울증은 형체를 알 수 없는 것으로서 당사자가 아닌 사람들에게 무관심하기 쉬운 질병이라고 단언했다. '우울증의 고통은 건강한 사람이 상상할 수 없는 것'이자, "어떻게 힘든지 구체적으로 묘사하기도 어렵다."(스타이런 2002, 41)

명료하게 정의하기 어려운 우울증은 한편으로 '감기'처럼 쉽게 노출되는 질병이다. 가령, 한국인은 10명 중 4명이 우울감에 시달린다.[1] 2020년 OECD 국가 중 '한국은 우울감의 증가 속도가 가장 높은 나라'로 보고되었다.(준코 2023, 13) 우울감을 경험하는 혹은 경험한 인구수가 많은 만큼, 우울증으로 진료를 받는 사람 수도 증가하는 추세인데, 건강보험심사평가원의 조사에 따르면 우리나라에서 우울증으로 진료를 받은 환자의 수는 2017년 68만 169명에서 2021년 91만 785명으로 매년 7% 정도 꾸준히 증가하고 있다.[2] 일본은 우리보다 앞서 우울증의 유병률이 증가하는 상황을 맞이했는데, 기타나카 준코(北中淳子, 1970-현재)는 일본에서 우울증의 발병이 계속해서 높아지는 이유를 '정신의학의 발전'과 우울증 진단에 대한 '제약 회사의 경영전략' 때문으로 본다.(준코 2023, 39) 그녀에 따르면 제약

---

1   《의협신문》 2021년 06월 03일 기사 [2023년 11월 27일 접속]
    (https://www.doctorsnews.co.kr/news/articleView.html?idxno=139690&sc_word=%E
    C%9A%B0%EC%9A%B8%EA%B0%90&sc_word2=)
2   건강보험심사평가원 [2023년 11월 27일 접속]
    (https://www.hira.or.kr/bbsDummy.do?pgmid=HIRAA020041000100&brdScnBltNo=4
    &brdBltNo=10627)

회사들은 '마음의 감기' 또는 '감기에 걸린 영혼'이라는 문구를 채택함으로써 우울증을 단순한 감기처럼 언제라도 걸릴 수 있는 대중적인 질병으로 포장하였다. 이러한 포장은 제약 회사들의 항우울제를 판매하려는 시도로부터 기인한 것인데, 이는 불안한 정신 질환이 약물로 치료받으면 나을 수 있다는 기대를 만드는 데에 목적이 있다. 이와 같은 이해와 목적은 우려스러운 일이다. 왜냐하면 많은 사람이 경험하는 것임에도 불구하고 스타이런이 강조한 것처럼 우울증은 단순히 약물만으로 치료되지 않는 복잡한 질병이기 때문이다. 차후에 살피겠지만, 약물만으로 치료될 수 있다는 관점과 유사하게 우울증을 생물학, 신경학, 유전학 등으로 환원하는 것은 다종다양하게 이해할 수 있는 우울증을 균질화하는 처사이다.

우울증은 환자의 생생한 체험과 분리된 채 이해될 수 없다. 왜냐하면 환자를 둘러싼 상호적인 것에 관한 총체적 이해가 필요하기 때문이다. 환자의 실존적 삶과 관계적 맥락을 무시한 채 의학적 진단과 해결법을 찾아서는 안 된다. '인간은 단순한 세포의 총합 그 이상'이며, 우울증은 "신경전달물질의 교란이나 뇌 기능의 저하로만 설명될 수 있는 성질의 질병이 아니다."(박원명 외 2018, 14) 심지어 우울증은 "정신의학의 독점물이 아니라 제약회사, 의사, 행정 관료와 의료와 관련된 일에 종사하는 사람들, 변호사와 판사까지 포함한 다양한 행위자들에 의해 의미가 규정되고 수정될 수 있는 한 묶음의 개념들이다."(준코 2023, 40) 그러므로 인간의 감정이나 행동을 평가하고 해석하기 위해서는 가치나 규범, 사회 풍조나 문화와 같은 의학 외적인 요소도 고려되어야 한다. 우울증을 이해하기 위해 인문학적 탐구가 요청되는 이유가 여기에 있다. 우울증의 개념과 진단은 여전히 '과도기적인 것'(박원명 외 2018, 15)이기에 우울증을 인문학적 시선으로 살피는 일은 중요한 과업이다.

우울증의 정체성 규명이 쉽지 않은 만큼 발병의 원인 규명도 어려우며 이를 치료하는 방법도 다양하다. 앞서 우울증에 관한 인문학적 탐구가 중요하다고 강조했는데, 이러한 맥락에 근거해서 이 글에서는 인문학적 탐구의 한 방법으로서 '현상학적 방법'으로 우울증을 살핀다. 현상학은 복잡한 우울장애를 이해하고 치료하는 데에 유용한 방법을 제공할수 있다. 왜냐하면 후설의 현상학적 탐구는 우울장애의 '사태 자체(things-themselves)'를 살피기 때문이다. 우울장애의 사태 자체를 들여다보면 우울증 환자를 어떻게 대해야 하는지 방향을 찾을 수 있다. 그렇다면 현상학적으로 우울장애의 사태 자체를 살핀다는 것은 무엇인가? 이를 이해하기 위해 후설의 현상학이 무엇인지를 먼저 확인해 보자.

2. 현상학적 방법

후설의 현상학은 '소여된 대상(given objects)'에 대한 "'지향체험(intentional experience)'으로부터 발견되는 모든 것을 이해하는" 탐구이다.(Husserl 1976a, 74) 대상은 언제나 우리의 의식과의 연관 속에서 등장하고, 우리의 의식은 대상과의 지향적 관계 속에서 탐구 대상을 확인한다. 의식의 지향성에 따라 대상이 체험된다는 사실은 현상학적 탐구의 출발점이자 '공리(axiom)'이다. 후설은 지향적 체험으로 드러난 사태의 본질은 규명될 수 있다고 보았다. 예를 들어, 소여된 대상으로서 '책상'을 지향적으로 체험했다면, 우리는 지향적 대상으로서 책상이 무엇인지를 알고, 책상이라는 일반 개념을 공유할 수 있으며, 책상을 책상이게 하는 요소와 의미들을 파악할 수 있다. 물론 책상에 대한 지향적 체험을 더 세밀하게 들여다본다면 체험의 의미는 주체마다 다를 수 있다. 하지만 의미의 상이함과 별개로 우리는 책상의 본질을 확인하고 이를 다른 사람들과 공유하며 소통한다.

현상학적 탐구의 본질 이해는 실험과 관찰에 입각한 과학적 탐구의 본질 이해와 구별된다. 현상학은 "과학주의, 객관주의, 환원주의를 비판하는 데에 목표를 두는 철학이다."(Zahavi & Loidolt 2022, 57) 현상학이 자연과학적 방법을 비판하는 이유는 자연과학적 방법이 과학적 방법만이 대상을 객관적으로 이해하는 유일한 탐구 방법으로 보는 데에 있다. 후설에 따르면 '자연적 태도'(Husserl 1976a, 60)로 불리는 과학적 방법은 우리에게 주어진 현상을 있는 그 자체로 보지 않는 순진한(naive) 태도이다. 왜냐하면 자연과학적 이해는 탐구 대상이 주체와 관계없이 이해될 수 있다고 보는 태도로서 대상의 지향적 의미를 소거하기 때문이다. 자연과학적 탐구는 지향적 체험과 관계없이 관찰 대상이 하나의 물리적 실체로서 존립한다는 사실로부터 수립된다. 지향성을 삭제한 채 탐구 대상을 단순하게 이해하는 사태를 후설은 '의식의 자연화(naturalization of consciousness)' (Husserl 2009, 10)라고 규정했는데, 이를 잘 보여주는 사례가 '환원주의 (reductionism)'이다. 예를 들어, 대상은 인식하는 주관과의 지향적 관계 속에서 풍부한 의미를 드러내기 마련이지만, 탐구 대상을 수치로 환원하여 이해하는 것은 그 대상이 지니는 풍부한 의미를 간과하게 만든다. 사람은 키 수치, 시력 수치, 혈압 수치, 지능 검사에 따른 수치만으로 이해되지 않는다. 정신 질환도 마찬가지이다. 정신 질환을 뇌 속의 특정 신경전달물질의 이상으로 환원하여 이해하는 것은 질환을 앓고 있는 환자의 총체적인 실존적 체험을 간과한 것이다. 임상의학자들이 환자의 실존적 체험을 살펴야 하는 이유는 정신 질환이 '의식의 층위에서 발생하는 상호 연관적 사건'(Zahavi & Loidolt 2022, 58)들로 구성되기 때문이다. "정신 질환은 자신의 뇌뿐만 아니라 몸, 마음, 자아, 사회와 불가분하게 서로 연결되어 있다."(아난타스와미 2023, 28).

정신 질환은 지향적 관계 속에서 복잡한 사태로 체험되는 것이다. 자연과학적 탐구는 이러한 사정을 간과한 채 객관성을 내세우기 때문에, 현상학으로부터 단순하게 사태를 보는 태도라고 비판받는다. 다만, 사정이 이러하다고 해서 자연과학적 탐구를 전적으로 폐기해야 한다고 오해해서는 안 된다. 후설에 따르면 세계는 '귀납적으로 구성된 자연'으로서 '인과 원리'(Husserl 2013, 360)에 따라 확인될 수 있기에, 과학적인 탐구 방법도 세계를 이해하는 하나의 방법으로 여겨진다. 자연과학적인 객관적 탐구 방식도 세계를 이해하는 하나의 방식이기에 후설은 "현상학자는 언제든 자연적 태도로 돌아가는 방식을 취할 수 있어야 한다."(Husserl 1970b, 214)라고 강조했다.

자연과학적 탐구 방식이 대상을 주체와 관계없이 일반화하여 이해하는 만큼, 현상학적 탐구는 자연과학적 탐구가 놓치고 있는 의미들을 발견하는 시도로서 체험의 다양한 의미를 드러내는 데에 집중한다. 후설은 어떤 대상을 이해할 때 자신이 아버지의 관점에서 그 대상을 볼 수 있지만, 유럽인의 관점에서 혹은 학자의 관점에서도 이해할 수 있다며 관찰하는 태도에 따라 대상의 의미가 다양할 수 있다고 주장했다. 탐구 대상은 탐구 주관이 어떤 태도를 지니느냐에 따라 다르게 체험될 수 있다. 한마디로 같은 대상도 어떻게 지향되느냐에 따라 다양한 방식으로 연구될 수 있다. 현상학은 지향적으로 사태에 주목할 때 과학적 관점의 한계에서 벗어나 사태 자체에 더 가까워질 수 있다고 본다. 이것이 본 글의 탐구 주제인 우울증을 현상학적으로 살피는 이유이다.

똑같은 증상이라도 우울증은 체험 주체가 처한 환경이나 접하는 물질에 따라 다양하게-만성 우울증, 조울증, 정신증 동반 우울증, 알코올중독 우울증, 산후 우울증, 갱년기 우울증, 노인 우울증, 계절성 우울증, 약물남용 동반 우울증 등-이해될 수 있으며, 그에 따라 판이한 진단과 치료를 고려할 수 있다. 우리는 주체의 다양한 체험을 중시하는 현상학적 탐구 방법을 통해 치료의 질적 다양성이 확보될 수 있음을 기대한다. 지향된 우울증의 사태는 다종다양한 체험으로 확인되는 것이기에 이를 연구하기 위해서는 '국제질병분류(International Classification of Diseases 11th Revision, 이하 ICD-11)' 혹은 '정신 질환 진단 및 통계 편람(Diagnostic and Statistical Manual of Mental Disorders Fifth-Edition, 이하 DSM-5)'에만 의존해서는 안 된다. 우울증은 주체의 태도에 따라 다양한 현상으로 드러난다. 지향적 체험에 따라 다양한 우울증의 의미가 발견될 수 있는 만큼, 우울증에 관한 현상학적 탐구는 우울증으로부터 발견되는 다양한 '질적 의미'에 주목한다. 이에 더 나아가 본질학으로서 현상학은 우울증의 질적 의미의 다양성에 머무르지 않고 그 본질을 규명한다.

그렇다면 현상학적 탐구 방법으로부터 본질을 규명한다는 것은 무엇인가? '생생한 체험(lived experience)'에서 '확실성(certainty)'이 출현한다고 보는 현상학에서 본질을 규명하는 것이란 체험으로부터의 본질 규명을 뜻한다. 모든 것을 의심해도 의심할 수 없는 확실한 것 중 하나가 대상을 직접적으로 체험하는 주관의 생생한 체험이다. 일인칭 주관의 생생한 지향적 체험은 대상을 이해하는 근본 바탕이다.[3] 후설은 직접적인 '체험'은 대상들이 '우리에-대해-존재함을 근원적으로 건설하는 것'(Husserl 1974, 173)이라고 주장했다. 생생한 체험으로부터 본질을 검토하는 현상학은 체험의 '기술학'(Parnas & Zahavi 2002, 141)으로 불리는데, 한마디로 현상학은 생생한 체험을 기술함으로써 사태의 본질을 확보한다. '현상학적 탐구는 주체의 체험으로부터 나타나는 현상을 검토하는 것에서 시작'(Waksler 2001, 68)된다. 체험은 현상학적 분석의 기초를 이루는 것이요, 체험된 대상의 '의미와 타당성'을 이해하는 출발점이다.

생생한 체험을 탐구하기 위한 현상학적 방법으로서 후설은 핵심적으로 다음의 세 가지를 제시했다. 첫째, '판단중지(epoché, ἐποχή)', 둘째, '본질직관(essential intuition)', 그리고 셋째, '초월론적 현상학적 환원(transcendental phenomenological reduction)'이다.[4] 후설의 현상학은 철학적 '반성(reflection)'으로서 이와 같은 방법들을 중심으로 대상을 이해하는데,

---

3　이 지점에서 우리는 데카르트(R. Descartes)를 떠올릴 수 있겠지만, 현상학의 확실성은 데카르트의 자기의식의 확실성과 구별된다. 생생한 체험을 강조하는 현상학은 정신과 물질을 구분하여 자기의식의 확실성을 추구하는 데카르트의 철학과 다르다. 데카르트와의 구체적인 차이를 논하는 것은 본 논의의 핵심이 아니기에 여기서 자세히 다루지 않는다. 현상학의 확실성과 관련된 자세한 논의는 이남인, 2013, 32-60쪽 참조.

4　탐구 방법과 관련된 논의는 다음을 참조할 것(Moustakas 1994, 33); 현상학적 탐구는 객관과 상관없는 혹은 주관과 상관없는 대상의 본질 구조를 드러내는 게 아니다. 소여된 대상과 주관의 지향적 상관관계를 살피고 그로부터 확인되는 상관성의 본질을 규명하는 것으로서 체험 기술에 대한 다양한 시도가 가능하다. 그런 만큼 본문에서 거론된 탐구 방법 외에 다양한 방법이 있으나 논의의 분량을 고려하여 이 글에서는 현상학적 방법으로 잘 알려진 언급한 세 가지 방법만을 다루기로 한다. 이와 관련된 자세한 논의는 Zahavi, 2020 참조.

차후에 살펴볼 우울증도 이러한 방법 속에서 의미의 지평이 확장된다.

현상학적 탐구 방법에서 첫째로 거론된 판단중지를 살펴보자. 판단중지란 체험되는 사태 자체를 편견 없이 생생하게 드러내는 데에 목적을 둔다. 체험되는 대상을 있는 그대로 드러내기 위해서는, 체험을 이해하는 데에 방해되는 선입견들을 괄호 쳐야 한다. 당연히 현상학적 방법은 선입견으로서 '자연과학적 태도'를 "괄호 속에 넣는다."(Husserl 1976a, 65). 현상학은 자연과학적 태도를 보류하고 현상학적 태도로 이행할 것을 요구하는데, 이는 지향적 체험 속에서 세계 구성이 주체와 연결된다는 태도로 바꾸자는 입장이다. 달리 말해, 현상학적 탐구 방법으로서 판단중지란 사태 자체를 이해하기 위해 현상학적으로 '태도 변경'(Husserl 1968, 159)하자는 것이다.[5]

후설은 살아생전 지향적 의식과 무관하게 객관주의를 내세우는 실증주의(positivism)와 지향적 대상과 무관하게 주관주의를 제시하는 심리학주의(psychologism)를 비판하며 엄밀한 학으로서 현상학을 내세웠다. 그에 따르면 삼인칭의 시점만으로 혹은 일인칭의 시점만으로 대상이 탐구될 수 있다고 보는 태도는 변경되어야 한다. 태도 변경은 당대의 실증적 자연주의(객관주의)와 심리학주의(주관주의)를 극복하는 방법으로서 제안된 것이다. 태도 변경은 객관주의 혹은 주관주의라는 이분법적 구분을 하는 것이 아니라 의식 주관과 근본적으로 얽힌 의식 대상을 지향적 체험으로부터 확인하는 것이다. 차후에 살펴볼 우울증도 마찬가지인데, 자연적 태

---

5 현상학적 환원으로서 '판단중지'와 '태도 변경'에 대한 상세한 논의는 이남인, 2018, 145-161쪽 참조.

도로부터 현상학적 태도로 변경함으로써 우리는 우울증의 새로운 모습들을 들춰낼 수 있고, 그에 따른 진단과 치료를 다방면으로 도모할 수 있다.

이제 현상학적 탐구 방법에서 둘째로 강조된 본질직관을 간략하게 살펴보자.[6] 현상학은 본질학이다. 현상학적 탐구는 지향적으로 체험된 사태의 다양한 양상과 그런 양상들을 관통하는 본질을 직관할 수 있다고 본다. 본질직관이란 무엇인가? 본질직관이란 지향적 의식과 관련된 현상에 대한 이해를 다양하게 살핌으로써 '본질을 도출하는 통찰'(Husserl 1976a, 13)을 뜻한다. 후설은 우리의 이성 작용의 힘에 따라 대상의 본질을 파악할 수 있다고 보았다. 지향성을 띠는 대상 의식을 '지향적 체험' 혹은 '작용(act)'이라 부르는데, 현상학적 탐구는 지향적 이성 작용을 통해 '자유 변경(free variations)'이라는 상상 속에서 탐구 대상의 다양한 모습을 살피며 그로부터 확보되는 통일된 속성을 드러낸다. 현상학은 체험을 이루는 다양한 요소를 살피고, 이로부터 확인되는 지속된 일치 속에서 공통의 요소를 연결하며 통일된 "체험의 본질을 파악한다."(Moustakas 1994, 35) 체험의 본질로서 '일반자(generals)'를 도출할 수 있기에 우리는 소통을 하고, 학문도 수립한다.

현상학적 방법은 생생하게 체험된 대상의 다양한 양상에 주목하기 때문에 자연주의와 주관주의의 탐구보다 외연이 더 확장된다. 그리고 체험에 대한 다양한 기술에만 머무르지 않고 본질직관을 통한 '형상적(eidetic)' 접근을 내세움으로써 상대주의를 극복한다. 후설의 본질 통찰은 칸트(I. Kant, 1724-1804)의 철학처럼 지성의 범주에 따라 선험적 형식에 따른 일반

---

6 본질직관의 절차 및 방법에 관한 구체적인 논의는 Husserl, 1968, pp.72-87 참조.

자를 도출하는 것이 아니다. 오히려 절차는 정반대로 흐른다. 선험적 형식에 맞춰 대상을 확인하지 않고 체험되는 사태로부터 본질을 규명한다. 후설은 "대상들의 다양한 양상을 살피는 과정에서 드러난 유사성, 차별성, 그리고 항상성으로부터 의미의 공통분모를 확보할 수 있다."(Husserl 1939, 419-420)라고 역설했다. 거듭 강조하지만, 현상학은 이성의 작용을 통해 대상이 그러한 의미로 존재할 수 있게 하는 일반자를 추론할 수 있다는 사실에서 출발한다. 체험으로부터 자신의 모습을 드러내는 대상의 일반자를 인식 주관은 경험한다. 인권, 희망, 사랑, 인간임 등과 같은 추상명사를 사용하며 소통할 수 있는 이유가 여기에 있다.

끝으로 초월론적 현상학적 환원의 방법도 간략히 살펴보자. 현상학적 탐구 방법은 본질직관을 통해 체험한 대상의 본질을 드러내는 데에서 멈추지 않는다. 현상학은 우리의 체험을 구성하는 근원적인 요소들이 무엇인지를 더 깊이 추적해 들어간다. 엄밀한 체험 해명을 지향하는 현상학적 탐구 방법은 체험이 지니는 의미의 본질을 '되물어 감으로써(inquiring back)' 체험의 본질을 이루는 구성의 바탕이 무엇인지를 "더 많이 생각한다(more thinking)." 이렇게 더 많이 생각함으로써 체험을 가능하게 하는 근원을 밝히는 작업이 초월론이다. 초월론적 현상학적 환원이란 지향적 체험으로부터 드러난 본질을 가능케 하는 근원적 조건을 살피는 작업이요, 탐구 대상의 본질을 더욱 심층적으로 확인하는 연구 방법이다. 우리는 앞으로 살펴볼 우울증에 대해서도 초월론적 현상학적 환원을 통해 우울증 체험을 가능케 하는 근원 요소들을 확증할 수 있다. 이 글 4절에서 초월론적 현상학적 환원의 구체적인 사례를 우울증을 통해 확인한다.

우울증은 체험 주체에 따라 다양한 양상으로 드러나며 그에 따라 다양한 정체를 지닌다. 예를 들어 청소년에게 우울증은 무기력한 기분으로 체험되기보다는 신경질적으로 체험되는 경향을 띤다. 노인에게 우울증은 자살과 같은 자기 파괴적 기분을 동반하는 것으로 체험된다. 특히 '심리적 협착'에 빠진 사람에게 우울증은 자신이 죽어야 해결되는 병으로 체험되는 확률이 높다. 우울증이 남성보다 여성에게 더 많이 발병한다는 점은 성별에 따른 질적 차이가 있다는 점을 알려 준다. 나 자신에게 '주요우울장애(major depressive disorder)'는 심각한 질병으로 체험될 수 있지만, 누군가에게는 하나의 연구 대상으로 체험될 수 있으며, 또 다른 누군가에게는 별것 아닌 것으로 생각될 수 있다. 이처럼 우울증은 주체의 지향적 작용에 따라 저마다의 지평과 다른 '습관성'에서 체험된다. 하지만 서로 다른 체험에도 불구하고 우리는 공유할 수 있는 본질적 의미를 확보할 수 있으며, 더 나아가 본질적 의미가 어떻게 구성될 수 있는지를 초월론적으로 살필 수 있다. 이제 우리는 현상학적으로 정신장애를, 그중에서도 우울증을 살피고자 한다. 이를 위해 정신병리학과 관련된 현상학적 탐구 방법의 중요성을 먼저 확인해 보자.

3. 정신의학과 현상학

정신 질환의 현상을 연구하고 기술하며 그 기제와 과정을 밝히는 데 목적을 두는 정신병리학의 전통에서 현상학은 비판적 역할을 해 왔다. 특히, 현상학은 정신의학이 생물학주의를 강조하는 사태를 비판한다. 오늘날까지 이어지는 정신의학에 대한 현상학의 비판은 크게 두 가지 특징으로 나타나는데, 첫째는 자연과학적 방법만이 최선이라고 보는 생물 정신의학을 비판하는 것이며, 둘째는 매뉴얼 중심으로 질병을 단순하게 환원하는 태도를 비판하는 것이다.

우선 첫 번째 특징인 생물 정신의학 비판에 대해 살펴보자. 정신 질환에 대한 생물학적 접근 방식은 오늘날까지 정신의학에서 가장 많이 탐구되는 방법이다. "지난 10년 동안 '미국 국립정신건강연구소(US National Institute of Mental Health)'는 신경과학, 세포 기능, 유전자 연구를 중심으로"(Zahavi & Loidolt 2022, 60)" DSM을 대체하는 '연구 영역 기준(Research Domain Criteria, RDoC)'을 수립해 왔다. 현상학은 정신의학의 이와 같은 흐름을 우려한다. 왜냐하면 정신 질환을 신경생물학적 문제로, 또는 유전적 결함이나 뇌 기능의 고장만으로 보는 태도는 체험의 중요성을 간과한 자연주의적 태도이기 때문이다.

랭(R.D. Laing, 1927-1989)에 따르면 정신 질환은 질병을 앓고 있는 사람의 '실존'(랭 2016, 34-44)을 살필 때 정체가 드러난다. 현미경으로 뇌세포를 들여다봐도 환자의 의식과 체험은 보이지 않는다. 체험은 '사회적 영역에서 상호적 영향을 주고받으며 발생하는 것'으로 언제나 '어떤 것 혹은 누군가와의 관계 속에 있는 것'(Laing 1990, 21-22)이다. 랭은 체험의 중심인 '주체'는 상호적 관계 속에서 영향을 주고받는 존재이기에 실존적 체험을 무시한 채 주체를 비인격적 '객체'로 간주하는 태도는 오류를 낳을 수밖에 없다고 보았다. 하이델베르크 대학 교수로서 생물 정신의학의 발전을 이끌었던 크레펠린(E. Kraepelin, 1856-1926)은 정신의학이 자연과학적 방법으로 탐구되어야 한다고 주장했는데, 사실 그도 정신이상의 원인을 알기 위해서는 신체적, 정신적 원인을 요소로 지니는 '외적 원인'과 환자의 정신적 인격의 발생 과정 전체 역사를 되돌아봐야 하는 '내적 원인'의 복잡성 속에서 확인해야 한다고 강조했다.(크레펠린 2021, 34-244)

자하비(D. Zahavi, 1967-현재)에 따르면 정신 질환에 대한 현상학적 비판은 3세대를 거쳐 나름의 발전사를 띠고 있다(Zahavi & Loidolt 2022, 57-71). 대표적인 1세내 현상학적 정신의학자로 야스퍼스(K. Jaspers, 1883-1969), 민코프스키(E. Minkowski, 1885-1972), 빈스방거(L. Binswanger, 1881-1966), 보스(M. Boss)가 있다. 이들은 공통으로 생물학, 신경학, 그리고 유전학만으로 정신장애를 살피는 것에 반대한다. 정신장애를 특정 세포, 신경 물질, 일부 유전자에서만 찾는 일은 현상학이 비판하는 자연주의적 태도로서 진단을 위한 지표가 될 수 없다. 앞으로 살펴볼 정신 질환으로서 우울증도 마찬가지다. 우울증은 유전학만으로, 신경전달물질인 세로토닌의 결핍만으로 규명되지 않는다. '우울증은 그 원인을 한 가지로 특정하기 매우 어려우며, 여러 요인이 상호 작용하고 반복적으로 개인의 심신에 영향을 미쳐 일어나는 것'(박원명 외 2018, 78)이다. 정신장애를 살피는 것은 자아의 체험을 탐색하는 일이기 때문에 필연적으로 체험학으로서 현상학과 연관될 수밖에 없다. 이러한 관점에 따라 1세대 현상학적 정신의학자들은 환자의 생생한 체험을 살피는 일이 중요하다고 역설했다.

현상학적 방법에 따라 정신의학을 탐구하는 2세대의 대표적인 인물로는 랭(R. D. Laing, 1927-1989), 고프먼(E. Goffman, 1922-1982), 그리고 바사글리아(F. Basaglia, 1924-1980)가 있다. 이들은 1세대의 자연주의적 환원주의 비판을 이어 가며 논의의 영역을 확장했다. 정신 질환의 정체를 뇌나 신경계의 구조 및 신경전달물질에서 살필 수 있겠으나 현상학적 정신의학을 탐구하는 2세대는 환자의 체험을 구성하고 있는 심리 사회적 요인들을 간과해서는 안 된다고 강조했다. 사회적 요인들에 주목하는 만큼 2세대 연구자들의 관심은 비판의 영역이 사회적 구조, 특히 정신의학과 관련된 기관들, 예를 들면 병원, 수용 시설 등으로 확대되었다. 수용소는 환자의 체험을 이루는 중요한 사회적 맥락임에도 불구하고, 환자를 인간적으로 타당하게 대우하지 않는 문제를 안고 있다. 현상학은 격리를 통해 환자를 박탈하고 모독하며, 존엄과 존중을 보장하지 않는 권위주의 체계의 수용소를 비판한다. 2세대는 환자의 인격성과 존엄성이 강조되는 체험 연구를 추구했다.

끝으로 현상학적 방법으로 정신의학을 살피는 3세대는 1세대의 체험 연구에서 2세대의 사회 기관 및 수용 시설을 넘어 식민 담론, 문화, 인종에 대한 영역으로 확대된 정신의학을 살핀다. 3세대의 대표적 인물로 파농(F. Fanon, 1925-1961)이 있다. '포스트식민적 휴머니스트(postcolonial humanist)'(네이어 2015, 22)로 불리는 파농은 식민 담론, 사회-경제적 분석, 민족주의, 문화와 관련해서 정신의학을 비판적으로 탐색했다. 정신적 상태는 사회적 환경 간의 상호작용을 빼고서 논의될 수 없다고 본 그는 '정신적인 것은 정치적인 것'(Zahavi & Loidolt 2022, 68)이라고 단언했다. '인종과 식민주의'는 '그의 지적 궤적을 요약하는 단어'(네이어 2015, 27)라고 볼 수 있는데, 파농은 식민주의가 몸으로 체득된 사회에서 차별을 자연스럽게 받아들이는 주체의 체험과 정신 의식을 문제 삼으며 반식민주의, 인종 차별, 더 나아가 역사적, 지구적 관점에서 정신의학을 살폈다. 현상학적 정신의학은 세대를 거쳐 실험과 관찰에 따른 생물학적 자연주의 태도에 대해 비판적 입장을 내세우며 학문으로서 정신의학이 지향해야 할 방향 수립에 힘써 왔다.

이제 정신의학에 대한 현상학적 비판의 두 번째 특징인 매뉴얼 중심적 태도에 관한 비판을 살펴보자. 매뉴얼에 대한 현상학적 비판은 생물학주의, 과학주의 비판의 연장선이다. 1950년대부터 미국과 영국을 중심으로 정신병을 진단하는 데에 일관된 합의가 부족하다는 문제의식이 제기되었다. 1948년 세계보건기구(WHO) 발족과 함께 하나의 학문으로서 '과학적'이어야 할 정신의학은 진단과 치료의 다양성을 극복해야 할 과제로 삼았다. 따라서 환자의 체험에서 직접적으로 관찰되는 현상(phenotype)에 관한 보편적 진단 표준이 필요했다. 이때 정신의학이 주목한 것은 '실증주의-행동주의 인식론(positivist-behaviorist epistemology)'(Parnas & Sass 2015, 245)이었다. 당시 정신의학은 논리실증주의자들의 방법을 눈여겨보았는데, 논리실증주의는 논리적 규칙에 따른 감각적 경험만이 실재적으로 타당하다고 여긴다. 여기서 말하는 실재란 물리적인 객관적 타당성으로서 인간의 지향적 이해와 전혀 상관없는 생물학적 실재를 뜻한다. 물리주의는 정신의학적 기술에 중요한 영향을 끼쳤다. 왜냐하면 정신의학은 의식의 본질에 대한 물리주의의 관점에서 매뉴얼을 만들었기 때문이다. 이에 따라 임상을 위한 합의적인 표본 모델 수립은 다음과 같은 두 가지 특징을 지닌다. 첫째, "의식과 경험은 자연적 사물과 동일시될 수 있다." 둘째, "의식은 신경생명학적으로 환원될 수 있다."(Parnas & Sass 2015, 246) 정신적 용어도 물리적 과학의 단어로 대체될 수 있다는 믿음에서 정신의학은 정신 질환의 명확한 진단과 일관된 평가가 가능한 매뉴얼을 수립했다. 이를 시도한 대표적인 인물이 앞서 언급한 크레펠린이다. 그는 생물학적 관점에서 증상과 징후를 기술하며 '현대적인 정신장애 분류를 체계화한 사람'(대한정신의학회 2017, 170)으로 평가받는다.

정신의학의 대표적인 매뉴얼은 '미국정신의학회(American Psychiatric Association)'에서 발행하는 'DSM-5'와 세계보건기구(WHO)에서 분류하는 'IDC-11'이다. 우울증을 예로 들어 본다면, 우리나라에는 대한의학회와 질병관리청에서 발간하는 『일차의료용 근거 기반 우울증 권고 요약본』 매뉴얼이 있다. 정신병에 관한 이해를 돕는 매뉴얼은 질병 진단 시 빠르고 효율적인 판단 기준을 제공하며, 표준으로서 다양한 맥락에 일관되게 적용될 치료법을 제시하는 긍정적 특징을 지닌다. 하지만 이와 같은 긍정적 특징에도 불구하고, 매뉴얼에 따른 진단과 처방은 실질적으로 충분하지 못하다고 평가된다.(대한정신의학회 2017, 167) 정신의학에서 대표적으로 사용되는 DSM을 예로 들어 보자. DSM 진단 체계는 증상 위주의 진단 기준을 만들어 개정을 거듭해 왔는데, 이때 진단 기준의 변화를 충분하게 담지 못했다는 지적이 있다. 심지어 진단 체계가 불완전하다는 비판도 있는데, 연구 대상인 환자에 대한 진단적 오류 가능성이 대표적인 사례이다.(대한정신의학회 2017, 167-168) 가령, DSM은 '젠더 편향적'이라고 비판받는다. 진단 기준의 문항이 "남성 경험 이익에 더 우호적이며 여성 증상 감별보다 남성 중심으로 진단되었다."(Hartung & Lefler 2019, 1-20)는 문제는 진단적 오류 가능성의 사례이다.

현상학적으로 볼 때, 임상적 추론 과정에서 매뉴얼에 따른 정신 질환 이해는 환자가 겪은 복잡한 상황과 체험의 풍부한 내용을 충분하게 담지 못한다. 매뉴얼에 의존하는 진단과 치료 행위에 관한 현상학의 비판은 크게 두 가지 특징을 띠는데, 첫째, 정신장애를 매뉴얼의 언어로만 규정하는 것은 정신장애의 체험이 지니는 풍부한 경험을 파악하지 못한다는 것이다. 파르나스(J. Parnas, 1884-1949)와 자하비(D. Zahavi, 1967-현재)에 따르면

DSM은 '단순성과 효율성에 중점을 둔 나머지 언어 규정을 넘어서는 우연성, 임의성, 역사적, 형이상학적 특징을 놓쳐 버리는'(Parnas & Zahavi 2002, 139-141) 문제를 안고 있다. 매뉴얼에 의존하는 일은 환자가 맺고 있는 상호 주관적 관계를 간과할 수 있으며, 체험에 대한 결핍은 균질화될 수 없는 환자의 실존성을 제거한다.

둘째, 매뉴얼에 익숙한 임상가들은 임상적 진단 과정에서 표준을 따를 때 "환자의 체험을 축소하거나 과장할 수 있다."(Drożdżowicz 2020, 687-688)는 문제이다. 특히 '~증후군'과 같은 기계적 진단을 초래함으로써 DSM은 "정신장애의 이해를 궁핍하게 만들었다."(Drożdżowicz 2020, 686) 파르나스와 사스(L.A. Sass)는 DSM이 정신 질환에 관한 생산적 의미 산출을 "종식했다'고(Parnas & Sass 2015, 239) 비판한했다. 매뉴얼에 따라 기계적으로 질병을 이해하는 일은, 즉 환자의 표현과 행동의 양상을 특정 증상 범주에만 의존하여 이해하려는 시도는 질병의 본질을 왜곡할 수 있다. 이는 정신의학적 지평과 이해를 빈곤하게 만드는 원인이다. 이와 같은 빈곤의 대표적 사례가 '낙인 효과'이다. 게다가 임상적 진단에서 사용되는 언어들은 질병의 이해를 '오염'시키는 원인이 될 수 있다. 왜냐하면 같은 단어라고 해도 단어의 이해는 진단 체계, 의사, 환자에게 서로 다른 의미로 이해될 수 있기 때문이다. 이는 환자의 질병 체험이 과소 혹은 과대 평가되는 결과로 이어진다.

물론 질병의 유형을 잘 정리한 DSM-5는 정신병을 확인하는 표준 지침서로서 미국정신의학회와 유럽의 정신의학에 혁명을 가져다주었다. 매뉴얼은 정신의학적 치료를 구성하는 데에 훈련의 일반적인 방법과 지침을 제공함으로써 공식적인 치료 방법의 기준을 정립한 긍정적 의의를 지닌다. 이에 따라 정신의학의 발전은 "DSM이 있기 전과 후로 나뉜다." (Drożdżowicz 2020, 686)고도 볼 수 있다. 하지만 DSM-5는 2013년에 나온 개정판으로서 현재 10년이 지난 진단 분류 체계이다. 우리를 둘러싼 환경은 과학과 기술의 발전에 힘입어 매우 빠르게 변한다는 사실을 고려해 볼 때, 10년 전에 수립된 진단 매뉴얼이 시대와 환경이 바뀐 현재에도 고스란히 적용될 수 있는지는 의문이다. 바로 이러한 점이, 변화하는 그때그때의 질병 현상을 기술하여 본질을 살피는 현상학적 방법이 정신의학에서 요구되는 이유이다.

질병을 진단하고 처방하는 임상 과정에서 현상학의 역할이 요청되는데, 그것은 생물학주의와 매뉴얼 중심주의가 낳는 문제들을 해결할 방법을 현상학적 연구로부터 찾아볼 수 있기 때문이다. 정신의학에서 현상학은 놓치기 쉬운 환자의 질병 체험을 이해하는 데에 도움이 된다. 체험은 단순화된 형식으로 이해하기에는 다채로운 것인데 현상학은 임상의 과정에서 정적 혹은 수동적 진단을 넘어 환자와의 교류 속에서 발견되는 역동적인 지향적 체험의 의미에 주목한다. 물론, 현상학을 기존의 매뉴얼을 부정하고 폐기하자는 운동으로 오해해서는 안 된다. 오히려 매뉴얼의 한계를 직시하고 다채로운 체험의 본질들을 확보하고 수용하자는 데에 의의가 있다. 환자의 체험에 관한 기술의 역할을 증대시켜야 한다는 점에서, 그리고 정신장애의 역동적인 풍부한 의미를 밝힌다는 점에서 현상학적 체험 연구는 환자의 '구체성'(Drożdżowicz 2020, 697)으로 더 들어갈 것을 간구한다. 현상학은 체험 기술을 통해 증상들로부터 나타나는 상황들을 확인하고 이로부터 질병의 본질적 원인과 치료의 방법을 도출한다.

매뉴얼에 의존하는 태도에서 벗어나 판단중지를 통해 환자의 질병 체

험 자체로 돌아갈 것을 요청하는 현상학은 자연주의와 매뉴얼 중심주의
가 지니는 한계를 극복하고자 한다. 이제 우리는 정신장애를 진단하고 치
료하는 데 현상학적 방법의 역할이 무엇이며 어떻게 적용되어 성과를 산
출하는지를 살피기로 한다. 이러한 시도는 본 논의의 주요 사례로 거론된
우울장애를 통해 확인된다.

4. 우울장애와 현상학적 이해

일반적으로 우울증은 인지적 측면에서는 무가치함, 자책과 죄책감, 집
중 곤란과 멍한 느낌을, 정서적 측면에서는 우울감, 슬픈 기분, 즐거움이
없으며 신체적으로는 눈물이 많아진 현상을, 행동의 측면에서는 무기력
함과 둔함, 자살이나 자해의 시도를, 그리고 입맛의 변화와 피곤의 정도
가 커지고 성욕이 감퇴한 상황에서 확인된다. 이와 같은 주요 특징에도
불구하고 우울증의 정체는 혼란스러운 것이다.

우울증은 '정신의학에서 가장 자주 사용되면서' 동시에 '가장 모호한 용
어' 중 하나다. 증상 면에서 우울증은 '슬픔'을 의미하지만, 진단 면에서 이
는 '슬픈 감정을 부인'하는 사람들에게 적용되는 질병이다.(미국정신의학
회 2021b, 109) 모호한 만큼 우울증의 '유병률과 발병률은 나라와 시대, 연
구자에 따라 차이가 있으며' '기준과 연구 방법도, 사회적, 문화적으로 다
양'하다.(박원명 외 2018, 18) 가령, 한국과 같은 아시아 문화권에서 서구의
DSM 기준을 적용하는 경우 유병률이 낮게 나타난다. 우리나라의 경우 노
인 유병률만을 떼어 놓고 보면, 다른 나라들보다 높게 나타나는 양상을

떤다.(박원명 외 2018, 20-27) 유병률이 다양하게 관찰되는 우울증은 증상도, 그에 따른 원인과 진단 및 처방도 다양하다.

우울증은 정신장애로서 복합적 증상을 갖는 만큼 정서적, 인지적, 행동적, 신체-생리적 영역으로 살펴진다.(권석만 2022, 23) 이에 따라 유전학적, 신경생물학적, 그리고 심리 사회적 측면에서 탐구되는 우울증은 기본적으로 보이는 증상이 있다. 그것은 슬픔, 죄책감, 죽음이나 자살에 대한 집착, 허무감, 무력감, 우울함에 따른 정서적 증상뿐만 아니라, 질병망상, 빈곤망상, 허무망상 등이다. 우울증은 증상의 강도, 지속되는 기간, 증상의 양상이나 패턴에 따라 다양하게 구분되는 다종다양한 질병이다. 예를 들어, 우울증은 양극성우울증, 주요우울증, 신체 질환이나 정신 질환이 동반되는 우울증, 만성 우울증, 조울증, 정신증 동반 우울증, 알코올중독 우울증, 산후 우울증, 갱년기우울증, 노인 우울증, 계절성 우울증, 약물 남용 동반 우울증 등으로 존재한다.

세계적으로 널리 사용되고 있는 DSM-5에서는 우울증을 5개의 하위 유형으로 나눠 정의하는데, 하위 유형으로는 주요우울장애, 지속성 우울장애, 월경전기 불쾌장애, 파괴적 기분조절곤란장애, 신체적 질병에 의한 우울장애가 있다. 그중에서 우울증의 대표적인 양상은 '주요우울장애'이다.(미국정신의학회 2021a, 169) 주요우울장애는 전형적인 우울증으로 세 가지 범주-① 임상적 발현(9가지 증상 중 5가지), ② 병력(2주 이상 지속), ③ 연관성(심각한 고통 또는 손상)-를 평가하여 확인한다. 주요우울장애의 주요 증상은 우울한 기분(슬픈 기분), 흥미나 즐거움의 상실 등이며, 식욕의 감소 혹은 증가, 수면의 증가 혹은 감소, 정신운동 초조 혹은 지체, 피곤, 무가치감 혹은 부적절감, 인지기능 장애, 자살과 죽음에 대한 반복적인 사

고이다.(미국정신의학회 2021a, 171)

DSM-5에 따르면 주요우울장애는 다음의 증상 가운데 5가지 이상의 증상이 거의 매일 2주 연속으로 나타나고 그중 1가지는 우울한 기분이거나 흥미 또는 즐거움의 상실일 때, 그리고 증상이 사회적, 직업적, 또는 다른 중요한 기능 영역에서 임상적으로 현저한 고통이나 손상을 초래할 때 진단된다. 아래의 〈표 1〉은 DSM-5에서 제시한 증상 기준을 간략하게 정리한 것이다.

〈표 1〉 DSM-5의 우울증 진단기준 사례

진단 기준
① 하루 중 대부분 그리고 거의 매일 지속되는 우울 기분
② 거의 매일, 하루 중 대부분, 거의 모든 일상 활동에 대해 흥미나 즐거움이 뚜렷이 저하됨
③ 체중 조절을 하지 않은 상태에서 의미 있는 체중의 감소나 증가
④ 거의 매일 나타나는 불면이나 과다 수면
⑤ 거의 매일 나타나는 정신의 초조나 지연
⑥ 거의 매일 나타나는 피로나 활력의 상실
⑦ 거의 매일 무가치함 또는 과도하거나 부적절한 죄책감
⑧ 거의 매일 나타나는 사고력, 집중력의 감소, 우유부단함
⑨ 죽음에 관한 반복적 생각, 구체적인 계획 없이 반복되는 자살 생각 또는 자살 시도나 자살 수행에 대한 구체적인 계획

사실, 위의 증상들은 주요우울장애를 진단하기 위한 분류일 뿐, 실제로는 임상의 진단 과정에서 주요우울장애로 진단된 환자들의 양상은 다양하다. 그러니까 상기된 증상 중 5가지 이상의 증상을 모두 가지고 있지 않은 경우, 그리고 몇몇 증상의 조합을 약간만 가지고 있는 경우, 더 나아가 증상의 조합이 시간이 흐름에 따라서 변화하는 경우들이 있다.(이상혁 외

2008, 3) 체험의 강도와 질이 사람마다 다르다는 점을 고려할 때, DSM-5의 기준은 모호성과 추상성 그리고 실질적 적용의 한계가 있을 수밖에 없는 것으로 보인다. 이에 따라 임상가들은 저마다의 자체 진단 기준을 가지는데, 우리나라의 병원에서도 자체적 기준에 따라 우울증을 진단하는 경우가 많다. 예를 들면 서울아산병원 정신건강의학과 주연호 교수는[7] 아래의 〈표 2〉에서 5가지 이상, 2주 이상의 증상이 지속될 때 우울증 여부를 의심한다.

〈표 2〉 주연호 교수의 우울증 진단기준 사례

진단 기준
① 불안, 신체 증상
② 육체적, 심리적 자기혐오
③ 자부심의 상실
④ 육체적 고통, 익사 또는 질식할 때의 느낌
⑤ 극도의 피곤
⑥ 무감각한 무심함
⑦ 정신의 명료성 소실
⑧ 삶에서 아무런 의미를 생성하지 못함
⑨ 한 감정이 깊은 물에 빠진 것처럼 너무 압도해서 다른 긍정적 감정을 느낄 겨를이 없음
⑩ 우울하면 다른 사람이 됨
⑪ 동정심과 공감대의 상실
⑫ 불쾌한 기분의 지속
⑬ 아무런 기분도 없음

---

7 https://www.youtube.com/watch?v=kd6m5Fw2mCk&t=2558s [2023. 11. 27. 접속].

우울증의 유형은 앞서 언급한 5개의 하위 유형만 있는 게 아니다. 그에 따른 아형(subtype)도 제시되는데, 주요우울장애의 증상에 기반한 아형으로는 '멜랑콜리아 양상 동반', '비전형(atypical)적 양상 동반', '불안증 동반', '혼재성(mixed) 양상 동반', 망상, 환각이 존재하는 '정신병적(psychotic) 양상 동반', '긴장증(catatonic) 양상 동반', '계절성 동반' 등이 있다. 유형의 다양성만큼이나 우울증에 관한 진단적 분류에 따른 증상은 복합적인 양상을 띤다.

증상의 복잡성을 보여주는 사례로 동반 질환을 들 수 있다. 대부분의 우울증 환자들은 다른 정신장애 증상이나 신체적 질환을 동반한다. 대표적으로 불안장애, 성기능 장애, 통증, 인지 결핍(cognitive deficit), 24시간 주기 리듬(circadian rhythm) 장애, 신체적 호소 등이 있다. 역으로 진단 기준에 해당하지는 않지만, 물리적 증상이 우울증을 유발하는 사례도 많은데, 알츠하이머병, 공황장애, 불안장애, 비만, 파킨슨병, 뇌졸중, 당뇨, 심혈관계 병, 골다공증, 간염, 만성 통증 등이 대표적이다.

우울장애에 동반되는 대표적인 공존 질병은 '불안장애'이다. 불안장애와 우울장애는 DSM-5에서 서로 구분되는 정신장애이지만 이 둘이 함께 동반되는 경우가 많으며 그 유형을 '불안형 우울증'으로 분류한다. 우울증의 70%에서 불안 증세가 명백하게 존재한다.(대한신경정신의학회 2007, 279-280) 사회공포증, 범불안장애, 공황발작, 그리고 다른 불안 상태가 우울 증상과 동반되는 경우가 많다. 이러한 우울과 불안의 공존은 질병 분류학에서 원인적으로 상호 관계의 가능성이 큰 것으로 판단된다.

불안장애 외에도 우울장애는 강박장애를 동반하는 경우가 많다. '우울증은 치료가 잘되지 않는 강박장애에서 높은 빈도로 존재하는 것'으로 보고된다.(이상혁 외 2008, 7) 우울증은 강박장애 외에 약물 남용, 성격장애, 이인증, 조현병과도 밀접한 연관이 있다. 산후 우울증, 생리와 같은 신체적 조건이나 나이, 계절과 같은 특정 환경에 따라 발병되는 우울증은 집중과 관련된 물질 중 하나인 아세틸콜린(acetylcholine)과도 연관되어 있으며, 행복감을 느끼게 해 주는 것으로 많이 알려진 세로토닌(serotonin)의 낮은 분비, 심혈관 질환, 성기능 장애 등과도 연관된다.

지금까지 상술한 것처럼, 우울증은 그 양상이 다양할 뿐만 아니라 다른 다양한 질병을 동반한다. 우울증은 양상과 그에 따른 증상이 복잡성을 보이는 질병인데 발병의 원인마저도 복잡하다. 원인과 진단 규명이 복잡한 우울증은 진단 기준의 조합 외에 공존하는 증상과 질환을 축으로 고려될 수 있는 복합적 관계를 총체적으로 살피며 들여다봐야 하는 것이다.

우울증의 원인은 여러 가지로 이해될 수 있다. 예를 들면, 뇌의 화학적 변화, 신경학적 내분비 이상, 신경면역학적 원인, 유전적 요인, 개인의 성격 혹은 기질적 요인, 심리 사회적 요인, 현재 생활 습관과 건강 상태 문제 등이 있다. 정확하게 단일한 병소나 병인을 합의할 수 없는 이 병은 심리 사회적 요인이 복잡하게 얽혀 있어서 진단과 치료가 어렵다. 우울증의 심리 사회적 요인으로는 개인에게 심각한 심리적 충격을 주는 '주요 생활 사건' 혹은 '주요 스트레스원,'[8] '경미한 생활 사건,'[9] 그리고 '사회적 지지의 결

---

8   예를 들면, 가까운 가족의 사망, 친한 친구의 사망, 부모의 이혼, 법적 구속, 심한 신체적 질병, 해고나 실직, 중요한 과업의 실패, 성적 문제 등이 있다. 자세한 항목은 권석만, 2022, 61쪽 참조.
9   예를 들면, 사소한 다툼과 언쟁, 적은 액수의 돈을 잃어버림, 낯선 사람으로부터 불쾌한 일을 당함, 판매원의 불친절한 행동 등이 있다.

여[10] 등이 있다. 이는 우울증의 요인이 다채로운 만큼 인지, 정서, 행동, 신체 등의 특정 범주를 넘어 사회, 풍습, 문화, 경제 등 총체적인 상호 관계에서 우울증이 논구되어야 함을 의미한다.

원인 규명과 진단-평가가 쉽지 않은 우울증은 결코 세로토닌 주입과 같은 약물치료나 자기장 치료로 알려진 '전기경련치료(ECT, Electroconvulsive Therapy)', '경두개자기자극술(TMS, Transcranial Magnetic Stimulation)', 경구용 항우울제와 병행되는 '분무형 약물치료'와 같은 방식만으로 온전히 해결되지 않는다. 우울증의 요인은 유전적, 심리적, 환경적 등 복합적이기 때문에 그 치료 해법은 개별 환자에 대한 보다 심층적인 진단과 평가 속에서 강구된다.

개별 환자를 심층적으로 이해하기 위해 현상학은 환자의 지향적 체험을 살핌으로써 진단과 평가의 포괄적 접근 방향을 확인시킨다. 이를 위해 현상학적 방법은 우울증 환자의 개별적인 지향적 체험으로 돌아간다. 앞서 살펴보았듯, 현상학적 체험 연구는 이와 같은 서로 다른 체험의 기술로부터 일반적인 의미를 포착할 수 있다는 가능성에서 출발한다. 현상학적 탐구는 체험의 내용을 단순히 기술하고 나열하는 데에서 끝나지 않는다. 현상학적 탐구는 다양하게 드러나는 질적 의미들을 기술하고 나열해 봄으로써 그로부터 파악될 수 있는 본질적 의미를 직관하는 연구이다. 이와 같은 현상학적 탐구 방법으로 우리는 앞서 판단중지, 본질직관, 초월론적 현상학적 환원을 살펴보았다. 정신의학자인 파르나스와 사스는 이와 같은 방법론에 따라 정신의학은 임상의 과정에서 정신장애를 '유형화'하고

---

10   예를 들면, 배우자, 친한 친구, 가족, 동료 등으로부터 지지를 받지 못하는 경우가 있다.

'지속성'을 유지하는 특징들과 함께 "주체의 체험을 심층적으로 살펴야 한
다."(Parnas & Sass 2015, 257-260)라고 주장했다. 환자의 체험 연구가 중요한
만큼 의과대학의 교육과정에서 "현상학적 체험 기술의 교육과 훈련이 체
계적으로 수립되어야 한다."(Drożdżowicz 2020, 698) 툼스(S. K. Toombs)는 이
와 같은 현상학적 체험 탐구야말로 사태를 이해하는 '효율적인' 그리고 '중
요한 실천적 의미'(Toombs 2001, 248)를 선사한다고 역설했다.

　현상학적 탐구 방법의 실천적 의미란 무엇인가? 그것은 크게 다음과 같
은 두 가지 방식에서 생각되는데,[11] 첫째는 체험으로부터 드러난 다양한
질적 의미를 나열하고 그로부터 도출되는 본질을 확인한다는 점이며, 둘
째는 기술된 사태들로부터 대상의 본질을 규명하고 그로부터 더 나아가
본질을 가능하게 하는 원인을 살핀다는 것이다. 첫째를 '기술적 현상학적
체험 연구'로, 둘째를 '본질적 현상학적 체험 연구'로 볼 수 있다. 특히 본
질 파악은 체험을 단순하게 나열하는 데에 그치지 않고 체험된 우울증에
관한 인간의 이해를 규명한다는 데에 의의가 있다. 현상학적 연구는 그저
다양하게 기술된 사태만 알리는 게 아니라 체험의 형상적 접근을 내세움
으로써 체험의 상대적 특징을 극복하려고 한다.

　현상학적 탐구는 체험의 의미를 기술한 후, 다양하게 기술된 사태의 일
반자(the generals)가 무엇인지를 파악하여 그와 같은 체험을 가능하게 하
는 근원적 조건들을 탐색한다. 현상학적 탐구 방법은 체험의 본질 도출을
넘어 체험의 본질을 가능케 한 근원적 원인도 살핀다는 점에서 질병을 바

11　다음의 소개될 연구 방법들은 이남인이 제시한 것으로서 자세한 절차와 그 내용은 이
　　남인, 2014 참조.

라보는 관점의 폭을 넓힌다. 가령 우울증에 대한 '초월론적 현상학적 환원'을 수행할 수 있는데, 이는 우울증의 사태를 구성하고 경험할 수 있게 하는 근원적 요소가 무엇인지를 확인하는 것이다.

체험을 이루는 구성의 근원적 토대를 현상학적 태도로부터 확인하는 '초월론적 현상학적 체험 연구'는 자연과학적 태도와는 달리 '생활-세계 (life-world)' 속에서 확인되는 생생한 체험의 근원적 요인들을 판명한다. 의식으로부터 주어진 대상 및 세계 구성의 가능성을 근원적으로 파악하는 이와 같은 작업은 의식 체험의 가능성과 조건들을 살핀다. 이에 따라 현상학에는 앞선 두 방식에 이어서 다음과 같은 두 가지의 탐구 방법이 있다. 첫째는 다양한 사태를 이루는 구성적 요소를 초월론적으로 확인하는 '사실적인 초월론적 현상학적 체험 연구'이며, 둘째는 다양하게 확보된 초월론적 요소들을 본질직관 함으로써 초월론적 요소들의 근원적 구성을 확증하는 '본질적인 초월론적 현상학적 체험 연구'이다.

이에 따라 현상학적 탐구 방법(판단중지, 본질직관, 초월론적 현상학적 환원)을 통해 네 가지의 현상학적 체험 연구 방법을 도출할 수 있다. 첫째는 체험의 사실적 기술이고, 둘째는 기술된 체험들로부터 본질을 파악하는 것이며, 셋째는 파악된 본질을 나열하고 살피는 것이며, 넷째는 이러한 본질을 구성하게 하는 근원적 요인을 확보하는 것이다. 상술한 네 가지의 현상학적 체험 연구 방법을 각각 사실적 현상학적 체험 연구, 본질적 현상학적 체험 연구, 사실적 초월론적 현상학적 연구, 본질적 초월론적 현상학적 연구라고 부를 수 있다. 우리는 상술한 네 가지 탐구 과정으로부터 우울증의 총체적 특징을 확인할 수 있다.

먼저, 우울증의 정체를 확인하기 위해 현상학적 탐구 방법으로서 사실적 현상학적 심리학적 체험 연구로 우울증 체험을 나열해 보자. 앞서 살펴듯, 우울증은 불안증, 혼재성, 멜랑콜리아, 비전형, 정신병 등을 동반할 뿐만 아니라 다른 정신장애, 신체적 장애도 불러일으킨다. 우울증 체험은 체험 주관마다 상이할 수밖에 없기에 상이한 체험들을 이해하기 위해서는 그런 체험 과정들을 반드시 기술해야 한다. 다음으로 다양하게 체험된 지향적 현상들과 함께 본질직관을 통해 나열된 체험의 '일반자(generals)'를 규명할 수 있다. 예를 들어, 우울증이 우울한 기분, 무기력, 초조, 활력의 상실 등을 동반하는 어떤 심리적 상태라면 그리고 이후 드러난 사태의 체험이 심리적 협착에 빠진 사람에게 잘 나타나는 것처럼, 궁극적으로 '죽음에 관한 생각'으로 좁혀진다면, 무기력, 정신적 초조 등은 '죽음 연상' 혹은 '자살 시도와 같은 질병'으로 규명될 수 있다. 환자에게 죽음의 연상은 우울증의 일반적 표현으로 수렴된다. 이러한 결과는 DSM의 표준에 따른 판단이 아니라 오히려 역으로 체험 기술로부터 드러나는 것이다. 또 다른 예로 어떤 환자가 안절부절못함과 염려, 통제력 상실을 체험하며(불안증 동반), 자존감이 과소가 되거나 사고의 비약과 같은 혼재성이 동반되는 게 보여 진단의 과정을 통해 환자로부터 '내적 안정'이 필요하다는 일반자를 수렴할 수 있다면, 우울증은 '안정이 필요한 질병'으로 간주될 수 있다. 다양한 우울장애의 체험을 나열하고 그에 상응하는 상이한 체험들이 지향하고 있는 일반자를 추론함으로써 증상의 본질적 정체를 포착할 수 있다.

체험으로부터 죽음, 상실, 휴식의 필요 등의 일반자를 드러낼 수 있는데, 여기에서 그치지 않고 초월론적 수행을 통해 더 많이 사념하고 되물어 감으로써 일반자를 가능하게 하는 토대를 통찰할 수 있다. 예를 들어 환자의 우울증의 일반자인 죽음을 왜 환자가 체험하고 있는지를, 그러니까 그러한 체험을 가능하게 하는 초월론적 조건을 따져 감으로써 우울증의 원인과 진단의 방향을 살필 수 있다. 어떤 환자에게 우울증으로 인한 죽음 연상은 경제적 실패, 대인 관계 실패, 질병으로 인한 정신적·신체적 변화 등으로 이해될 수 있다. 본질직관을 통해 확보된 우울증의 일반자를 체험하게 한 초월론적 조건들을 살핌으로써 이로부터 한층 더 넓은 차원의 치료 방향을 수립할 수 있다. 현상학적 탐구는 이에 그치지 않고 초월론적 구성으로 기술된 다양한 사례를 다시 본질직관 함으로써 대상의 근원적인 '초월론적 본질'을 환원한다. 예를 들어, 우울증의 체험이 죽음 연상이라는 일반자로 도출되고, 그러한 죽음 연상이 경제적 실패와 가족 관계의 실패라는 초월론적 조건의 기술 속에서 드러난다면, 초월론적 본질 통찰로서 우울증을 '실패'로 규정할 수 있다. 이는 인지행동치료나, 상담 치료 등에서 환자의 실패 경험을 살펴야 할 필요성을 환기시킨다. 환자의 우울 증상을 완화하는 치료의 근본 방향은 실패 체험의 극복이라고 볼 수 있다. 기술되는 초월론적 조건들을 더욱더 사념함으로써 환원을 통해 우울증의 궁극적인 초월론적 본질을 통찰할 수 있다.

현상학적 방법으로 도모된 주체의 체험 기술과 이를 통해 산출된 본질 규정은 세계를 이해하고 구성하는 조건으로서 판단되어야 하기에 '투명 (transparency)'(Crowell 2013, 89)하게 검증되어야 한다. 즉 일인칭의 지향된 체험은 아무렇게나 제시되는 게 아니라 언제나 삼인칭과의 관계 속에서 고려되어야 한다. 주체의 체험이 생활 세계에서 통용되기 위해서는 주관적 체험이 일인칭으로 한정되지 않고 삼인칭으로 통용되어야 한다. 주의할 점은 검증된 본질 기술은 많은 사람에게 수긍되고 공유될 수 있지만, 주체의 본질 체험은 검증되지 못한 '예외적(anomaly)' 사례로도 이해될 수 있다. 왜냐하면 체험의 다양성으로부터 본질을 포착하는 작업인 만큼 우리가 쉽게 공유하지 못할 현상학적 체험 규정들도 발생할 수 있기 때문이다. 주관의 체험은 언제나 다양하다. 소여된 대상의 지향적 체험을 강조하는 현상학적 탐구는 이와 같은 다양한 체험을 배척하지 않는다. 다양한 체험 속에서 사람들에게 인정받지 못하는 예외적 사례들도 현상학은 '질적 다양성(qualitative variation)'으로 수용한다.(Steinbok 1995, 245) 왜냐하면 예외적 혹은 변칙적인 체험은 대상을 이해하는 기존의 통상적인 이해를 더 확장하고, '새로운 규범적 이해의 가능성'(Steinbock 1995, 245)을 개시하기 때문이다. 그러니까 환원을 통해 이해된 대상의 본질은 대상을 이해하고 공유할 수 있는 '최상의(optimal)'(Steinbock 1995, 246) 결과지만 이 결과는 언제나 수정 가능하며 바뀔 수 있다.

예외적 체험은 쉽게 통용될 수 없는 체험으로서 주목을 받지 못하거나 배척되기 쉽지만, 현상학적 이해에서는 이와 같은 체험을 배척하지 않고 새로운 이해를 창조할 수 있게 하는 잠재적 요소로 간주한다. 이는 매뉴얼에만 의존하는 사태에서 벗어나 질병의 새로운 이해 가능성을 확장하는 것이다. 환원을 통해 초월론적 구성의 본질을 통찰하면서도 체험의 다양성을 수용하며 이에 따라 탐구 대상의 이해 지평을 확장하는 것이 현상학적 탐구 방법이다. 그런 점에서 현상학은 정신 질환을 이해하는 데 긍정적 개방성과 포용성을 띤다. 지금까지 논의한 현상학적 체험 탐구의 방법을, 우울증을 이해하는 과정으로 간단하게 정리하면 아래의 〈표 3〉의 내용과 같다.

〈표 3〉 우울증에 대한 현상학적 질적 탐구 방법 사례

현상학적 체험 연구			
	현상학적 심리학적 체험 연구		초월론적 현상학적 체험 연구	
분류	· 사실적 현상학적 · 심리학적 체험 연구	· 본질적 현상학적 · 심리학적 체험 연구	· 사실적 초월론적 · 현상학적 체험 연구	· 본질적 초월론적 · 현상학적 체험 연구
방법	· 다양한 지향적 체험의 나열(DSM-판단 중지)	· 시향적 체험에 관한 본질직관	· 초월론적 구성의 나열	· 초월론적 구성에 대한 본질직관
특징	· 지향적 체험을 경험적 사실로 간주 · 지향된 대상의 다양한 유형 확인	· 다양한 체험의 본질 파악 · 다양한 유형으로부터 일반자 도출	· 체험 구성의 조건들을 다양한 차원에서 확인	· 사실적 초월론적 체험으로부터 본질파악 · 구성 작용의 근원적 토대 파악
우울증 연구 방법	· 우울증 체험 분류 · 다양한 체험 기술 설계	· 영역적/형식적 존재론 · 체험의 일반화	· 영역적/형식적 존재론 · 우울 체험을 구성하는 초월론적 토대 확인 및 기술	· 초월론적 현상학 · 우울 체험의 구성 토대 일반화

본질직관으로 드러나는 질적 체험의 의미를 해명한다는 점에서 우울장애의 현상학적 탐구 방법은 매뉴얼에 의존하여 우울증을 이해하는 방식에서 벗어나게 한다. 현상학은 자연주의적 이해를 벗어나 우울증을 더 넓고 깊게 고찰하도록 한다. 현상학적 탐구는 우울장애에 대한 시선과 태도의 다양성에 주목하면서도 이로부터 이해될 수 있는 본질적 의미를 살핌으로써 질병 탐구의 지평을 확장한다. 또한 현상학적 질적 탐구는 고통받는 인간에 대한 개방적, 포용적 태도를 수립한다.

후설의 현상학적 본질 탐구 방법은 언제나 개방적 태도 속에서 시행되는 것이다. 후설은 본질이란 수많은 사람에게 '열려 있는 규정되지 않는 지평'이자 '끊임없이 접근할 수 있는 영역'(Husserl 1963, 131-132)으로서 주체는 그 무한성을 알 수 없다고 말했다. 체험으로부터 이해된 본질이란

다양한 방법 속에서 수정될 가능성을 안고 있다. 따라서 다양한 조건과 함께 유한한 지평 속에서 현상학적 본질 파악의 타당성이 언제든 수정될 수 있는 가능성을 포용해야 한다. 물론, 본질이 수정될 수 있다고 해서 현상학적 탐구가 상대주의로 귀결된다고 볼 수는 없다. 현상학적 체험 연구는 우리가 일반적으로 공유할 수 있는 '이해'의 가능성을 최상의 결과로서 제시하기 때문이다. 이는 유아론이나 독단적인 편견에 빠지지 않고 건설적인 개방성으로 나아가게 한다. 현상학적 탐구 방법이 옹호되는 이유는 매뉴얼의 조작적 접근을 넘어서 우울증을 체험하는 사람들을 위해 더 좋은 진단과 치료 방법을 제시하기 때문이다. 현상학적 탐구는 '더 좋음(the better)'(Svenaeus 2019, 468)을 지속적으로 살피는 데 도움을 준다. 현상학적 질적 체험 연구는 질적 대상이 지닌 '역동적인' 본질적 의미를 발견하는 작업이다. 이와 같은 탐구 방식 속에서 우울장애에 대한 이해의 지평은 더욱 확장될 수 있다.

5. 결론: 돌봄의 중요성

지금까지 정신의학에서 현상학적 방법론의 특징과 현상학적 탐구의 의의를 살펴보았다. 현상학은 자연주의적 태도가 강조되는 사태를 비판하며 체험의 중요성을 상기시킨다. 매뉴얼 중심으로 손쉽게 진단되는 정신질환에 대해서도 판단중지 할 것을 요청하며 현상학은 체험에서부터 본질을 통찰하라고 요구한다. 우울증의 사례로 살펴보았듯 복잡한 질병 스펙트럼을 이해하기 위해서는 총체적인 탐구가 필요한데, 현상학은 체험 기술에서부터 초월론적 환원에 이르기까지 정신 질환의 양상과 원인을 다양한 관점에서 살피도록 돕는다. 현상학은 질병의 원인을 알고 치유의 체험을 이해하기 위한 탐구 방법을 제시한다. 정신 질환에 관한 현상학적 접근이 필연적으로 환자의 다양한 지향적 체험에 바탕을 둔다는 사실은 질병에 관한 접근이 환자 중심으로 향할 수밖에 없음을 알린다. 이는 환자의 총체적인 삶의 체험을 살필 수밖에 없다는 것이다.

이러한 사실에 근거하여 일부 학자들은 정신과 전문의 양성 과정에서 현상학적 탐구 교육이 필요하며, 이에 더해 임상적 진단과 치료의 과정에서도 현상학적 방법이 적용되어야 한다고 주장한다. 현상학적 방법은 환자를 향한 돌봄의 필연성을 환기시킨다. 우리는 이와 같은 시도들이 실천되고 있는 사실을 확인할 수 있다. 예를 들어 해외에서는 현상학을 기초로 증상을 확인하는 점검표를 만들어 정신의학에서 활발하게 사용하고 있다.[12] 현상학적 이해는 환자의 체험을 중심으로 요구되는 돌봄의 중요성을 강조한다. 현상학과 정신의학에 관한 연구는 현재 'PHENOLAP'을 중심으로 왕성하게 탐색 되고 있다.[13] 가령, 이 연구에서는 현상학적으로 이해되는 정신 질환은 다양한 환자의 체험을 살피는 것에 주목할 것을, 이에 더 나아가 치유라는 목적 아래 돌봄을 받는 자의 체험이 돌보는 자와의 상호 주관적 체험 속에서 배려와 보호의 윤리적 이해로 접근되어야 할

---

12   현상학적 탐구 방법을 기초로 만들어진 점검표로 'EASE(Examination of Anomalous Self-Experience)'가 있다. 이에 대한 소개는 Zahavi & Loidolt, 2022, p.72 참조.

13   이와 관련된 자세한 정보는 https://phenolab.blogspot.com/ 참조. 특히 자세한 연구와 교육과정은 https://phenolab.blogspot.com/2023/08/training-and-teaching-activities-ay.html 참조.

것을 강조한다. 그러므로 현상학적 정신 질환 이해는 근본적으로 환자의 체험을 바탕으로 두는 배려의 윤리로 이어질 수밖에 없다. 왜냐하면 환자가 전하는 정신적, 신체적 소통은 치유라는 목적 아래 좋은 삶을 지향하는 상호성의 윤리가 요구되기 때문이다. 현상학적 정신 질환 이해는 체험 분석과 함께 돌봄의 실천을 근원적인 요소로 두는 탐구이다.

다만 현상학적 탐구를 쉽게 낙관적으로 단정하기는 어렵다. 왜냐하면 정신 질환에 관한 현상학적 연구의 실체는 아직 명확하지 않다고 볼 수 있기 때문이다. 실질적인 임상적 사례도 부족하며, 현상학적 탐구의 적용 가능성과 그에 따른 돌봄의 구체적인 전모가 분명하게 제시되지 않았기 때문이다. 게다가 현상학적 탐구는 의료 현장에서 자연주의적 탐구보다 덜 선호되는 것이 현실이다. 게다가 본 논의에서 제시하는 현상학적 방법도 실질적인 임상적 성과가 있을지는 미지수이다. 이론적으로 제시된 현상학적 탐구는 정신의학이 오랜 시간 검토한 끝에 채택한 방법으로서 실증주의 탐구를 대체하는 것이 아니다. 다만 논의에서 살펴본 것처럼, 현상학적 탐구의 중요성을 간과할 수 없다는 점에서 이 글은 정신의학에 관한 현상학적 탐구의 필요성과 개발의 중요성을 강조하며 그에 따라 필연적으로 환자의 실존적 체험에 대한 돌봄이 요구된다는 사실을 역설한다.

「히로시마」에서의 '피폭자' 증언 속 의료인의 경험

이동규

경희대학교 인문학연구원 HK+통합의료인문학연구단 HK연구교수

1. 서론

1956년 옥스퍼드 대학은 미국 대통령 트루먼에게 제2차 세계대전을 끝낸 공로를 들어 명예 학위를 수여했다. 그러나 아일랜드 출생의 철학자 엘리자베스 앤스컴(Elizabeth Anscombe, 1919-2001)은 이를 격렬하게 비판했다. 1957년에 발표한 「트루먼의 학위(Mr Truman's Degree)」라는 개인 팸플릿에는 철학자로서 그가 지켜본 제2차 세계대전에 대한 단상이 포함되어 있다. 종전을 위해 서방세계는 히틀러의 나치 정부, 일본제국과 평화를 공유할 수 없었기 때문에 무조건적인 항복(unconditional surrender)을 요구했다. 전방과 후방의 거리가 짧아졌으며, 공중에서 항공기가 도시를 향해 떨어뜨리는 폭탄의 탄착점은 시민과 군인을 구분하지 않았다. 특히 히로시마와 나가사키에 떨어진 원폭은 무고한 시민과 군사적 목표물의 경계를 구분하지 않았고, 원폭 투하 전 독일 지역에서 진행된 목표폭격(target bombing)을 대신한 지역폭격(area bombing)에서 허용된 시민들을 위한 최소한의 경고 혹은 탈출의 기회 제공조차 하지 않았다.[1]

---

1   Elizabeth Anscombe, "Mr Truman's Degree," Pamphlet published by the author,

원폭을 목격한 사람의 첫 번째 글은 1946년 5월 11일에 발표된 독일인 수습 신부 지메스(John. A. Siemes)의 글이었다. 지메스는 히로시마에서 가까운 가톨릭 수도원에 있었으며, 많은 생존자를 수도원으로 받아들였다. 그는 원자폭탄에 의한 심각한 피해를 묘사하면서 일본의 구조 노력이 미흡했음을 비판적으로 언급했다.[2] 또한 일본의 피해를 '전쟁의 일부분이며 전쟁은 전쟁일 뿐'이라는 관점에서 원폭 투하를 서술했다. 이처럼, 초기의 기록들은 원폭의 강력한 힘을 묘사했고, 인간 사회에 끼친 끔찍한 영향력에 대해서 걱정했지만, 원폭이 떨어진 히로시마 혹은 나가사키에서의 사상자나 생존자들의 실제 상황에 대해서는 다루지 않았다.[3]

본 연구는 존 허시(John Hersey, 1914-1993)의 르포 기사문 「히로시마」의 구술성을 통해 미국이 원폭 투하라는 전쟁의 기억에서 일본, 나아가 아시아에 대한 인식을 다루는 방식을 살펴보고 나아가 해당 서술에 등장하는 의료인들의 의료 경험을 살펴본다. 1946년 허시가 일본을 방문하여 생존자를 인터뷰하고 『뉴요커』지에 기고한 「히로시마」는 원폭 피해를 미국 사회에 가장 먼저 보고한 직접적인 기록이면서 저자의 심층적이고 해석적인 고찰이 반영된 뉴저널리즘(New Journalism)의 흐름과 맞닿아 있었다. 인터뷰에 의해 전달된 원폭 생존자 6명의 이야기를 통해 전후 냉전의 맥락에서 미국인들이 원폭 투하의 기억을 어떻게 소비했는지와 피폭 경

Oxford, 1957.

2   Father John A. Siemes, "Eyewitness Account of Hiroshima," August 6, 1945. https://www.atomicarchive.com/resources/documents/hiroshima-nagasaki/hiroshima-siemes.html accesed 2023년 10월 10일

3   Paul Boyer, *By the Bomb's Early Light: American Thought and Culture at the Dawn of the Atomic Age*, Chapel Hill, NC: The University of North Carolina Press, 1994.

험 속에 나타난 의료 서사를 살펴본다. 허시가 다다른 6명의 이야기가 모두 의료 서사를 다룬 것은 아니다. 6명의 이야기는 말 그대로 히로시마에서 살아남은 공장의 여성 노동자, 목사, 독일인 신부, 아이를 홀로 키우는 여성, 그리고 의사들의 이야기이다. 이 중 의사는 두 명으로 종합병원에서 근무하는 젊은 외과 의사 사사키 데루부미 박사와 개인 병원을 운영하는 후지이 마사카즈 박사이다. 그중 사사키 데루부미 박사는 히로시마의 적십자 병원에서 근무하면서 원폭 이후의 의료 경험을 전했다. 그 외 4명의 생존자는 직업적인 의사는 아니지만 원폭 이후 재난에 가까운 의료 현실을 경험했다.

2. 전쟁과 원폭

태평양전쟁은 유럽에서의 전쟁과는 다른 인종 간의 충돌이었다. 전시에 사용된 적대적인 언어에는 상대방에 대해 비인간적이고 열등한 이미지를 더한 묘사가 포함되었다. 미국은 전시 광고에서 일본의 도조 히데키 수상을 흡혈박쥐로 묘사하거나 일본인을 유인원이나 기생충으로 표현했다.[4] 그러나 전후 자유주의와 공산주의의 대립이 만든 국제정치적 상황으로 인해 아시아 특히 동아시아의 일본은 미국에게 이전 시기보다 더 중요한 지역이 되었다. 물론, '냉전'이라 불리는 정치적 환경이 아니더라도 미국의 영향력이 아시아에서 확장되고 있었으며, 이러한 정치, 경제적 팽창

---

4   Boyer, *By the Bomb's Early Light*.

의 방향과 추동력은 크게 다르지 않았을 것이다. 특히, 공식적 제국주의가 철폐되는 탈식민화와 함께 진행된 미국의 비공식적 제국의 도래는 이전 시기와는 다른 형태의 긴장 관계를 초래했다. 아시아에서의 미국의 팽창은 유럽 제국주의의 영토적 팽창과는 다른 형태의를 띠었다. 미국은 아시아에 물질적 투자를 했고 정책결정자들과 일반 대중에게 아시아에 대한 인식 변화를 요구했다. 1945년 이후 미국의 대중 사이에서는 태평양을 둘러싼 지식과 주제들이 새로운 관심의 대상으로 떠오르게 된다. 특히 1945년에서 1950년 사이 소설가, 지식인, 기자 들이 여행기 혹은 문학작품을 통해 아시아 사람들의 목소리를 들려주었고, 그들의 삶을 다양한 방식으로 그려 냈다.[5]

원폭 투하에 대한 역사적 접근은 다양한 방식으로 이루어지고 있다. 원폭 투하에 대한 초기의 논의는 원폭 사용이 정당했는가 혹은 필요했는가에 대한 정치적 논의에 초점이 맞추어져 있었는데,[6] 1980년대 전반까지 계속된 논쟁은 미소 간 대결로서의 냉전사를 둘러싼 정치적 논쟁과 맥을 같이한다.[7] 이후 연구에서는 원폭 투하에 대한 다변화된 주제가 설정되고

---

5   Christina Klein, *Cold War Orientalism: Asia in the Middlebrow Imagination, 1945-1961*, Barkley, CA: University of California Press, 2003.

6   초기의 전통주의적 입장은 Henry L. Stimson, "The Decision to Use the Atomic Bomb," Harper's 197. 1947.2; Harry S. Truman, Memoirs: Year of Decisions. Garden City, 1955. 원폭 투하에 대한 비판적 입장은 Norman Cousins and Thomas K. Finletter, "A Beginning for Sanity," *Saturday Review of Literature* 29, 1946,6,15; William Appleman Williams, *The Tragedy of American Diplomacy*, Cleveland: World Pub. Co., 1959.

7   1965년에 출판된 책에서 가르 알퍼로비츠(Gar Alperovitz)는 원폭 투하가 군사적 목표보다는 전후 소련과의 대결을 고려한 정치적 목표에서 이루어졌음을 지적했다. Gar Alperovitz, *Atomic Diplomacy: Hiroshima and Potsdam*, New York: Simon and

냉전을 바라보는 견해의 내부에도 어느 정도 변화가 있었지만, 기본적인
논쟁의 구도는 원폭 투하가 냉전의 기원에 끼친 영향력에 초점이 맞추어
져 있었다.[8] 그러나 최근에는 원폭 투하의 '도덕성' 문제를 시작으로 '미국
과 일본의 기억'에 대한 연구로 이어지고 있다.[9]

원자폭단에 대한 초기의 미국인들의 반응과 궁금증은 두 개의 주제에
한정되어 있었다. 우선은 그 규모와 파괴력에 대한 두려움이었고, 다른
한 가지는 원자폭탄의 개발 과정과 투하 방식에 대한 의문이었다.[10] 트루
먼 대통령은 1945년 8월 16일 발표를 통해 일본의 항복을 전하면서 '태평

Schuster, 1965. 그의 연구는 다음 학자들에게 원폭 투하에 대한 결정적인 해석을 제공
했다. Gabriel Kolko, The Politics of War: The World and Unted States Foreign Policy,
1943-1945, New York: Random House, 1968. Lisle A. Rose는 히로시마와 나가사키 원
폭 투하를 '야비한 행동'이라고 비난했다. Lisle A. Rose, Dubious Victory: The United
States and the End of World War II, Kent: OH, 1973; Barton J. Bernstein, "Roosevelt,
Truman, and the Atomic Bomb, 1941-1945: A Reinterpretation," Political Science
Quarterly 90, Spring 1975, 23-69; 반면에 부수적인 정치적 목표보다는 즉각적인 군사
적 목표를 추구했다는 해석들에 관해서는 다음 책들을 참조하라. John Lewis Gaddis,
The United States and the Origins of the Cold War, 1941-1947, New York: Columbia
University Press, 1972; Daniel Yergin, Shattered Peace: The Origins of the Cold War
and the National Security State, Boston: Houghton Mifflin, 1977.

8   원폭의 기술 발달에 관한 연구는 다음 책에서 확인하라. Richard Rhodes, The Making
of the Atomic Bomb, New York: Simon&Schuster, 1988; 도덕성에 관한 대표적인 연
구는 다음 논문에서 확인할 수 있다. Richard H. Minear, "Atomic Holocaust, Nazi
Holocaust: Some Reflections," Diplomatic History 19, Spring 1995, 347-65.

9   Michael Hogan, Hiroshima in History and Memory, New York, Cambridge University
Press, 1996; 원폭 투하에 대한 대중의 반응을 가장 광범위하게 정리한 저작은 다음
을 참조하라. Paul Boyer, By the Bomb's Early Light: American Thought and Culture
at the Dawn of the Atomic Age, Chapel Hill: The University of North Carolina Press,
1994.

10   Sheila K. Johnson, "The Legacy of Hiroshima," The Japanese Through American Eyes,
California: Stanford University Press, 1988, p.41.

양으로의 일본의 팽창이 완전한 패배로 끝났으며, 사람들을 속박시키고 문명을 파괴하는 전제 권력의 거대한 계획을 막았음'을 밝혔다.[11] 이에 앞서 6일 히로시마에 사용한 원자폭탄에 대한 발표에서는 'TNT 20,000톤 위력의 강력한 무기를 보유하게 되었음'을 밝히고, 원자폭탄의 개발 과정을 간략하게 소개했다.[12] NBC 방송국은 7시 45분 뉴스에 맞추어 준비한 대본에서 원자폭탄을 '인류 역사상 가장 위대한 과학적 발명품 중의 하나'로 소개하며, 트루먼의 6일 발표문에서 당시 가장 강력했던 영국 폭탄 그랜드 슬램(Grand Slam)의 2천 배 이상의 위력을 언급한 내용을 인용하여 첫 대사를 장식하였다.[13] 또한, 미국인들은 어떻게 이런 폭탄이 제조되었으며, 일본에 떨어질 수 있었는지에 관심을 가졌다. 히로시마에 원자폭탄을 투하한 폭격기의 조종사 폴 티벳 대령(Paul W. Tibbets, 1915-2007)은 1946년 6월 지면을 통해 원폭 투하 임무를 맡은 509 혼성부대(509th Composite Group)가 어떻게 원폭 투하 훈련을 받았는지에 대해 상세하게 소개했다.[14]

---

11   Harry Truman, *Public Papers: Proclamation 2660: Victory in the East in President Calendar*, 1945.8.16, in Truman Presidential Museum & Library.

12   Harry Truman, *Public Papers: Statement by the President Announcing the Use of the A-Bomb at Hiroshima*, 1945.8.6, in Truman Presidential Museum & Library.

13   H. V. Kaltenborn Papers, *State Historical Society of Wisconsin, Madison, Broadcast transcripts; Paul Boyer, By the Bomb's Early Light*, pp.4-5에서 재인용.

14   Paul W. Tibbets, Jr., "How to Drop an A-Bomb," *Saturday Evening Post*, 1946.6.8, p.18; Paul Boyer, Ibid. pp.5-6에서 재인용, 509 혼성부대의 임무와 훈련에 대해서는 최근에 출간된 다음 저서에서 상세하게 다루고 있다. Richard H. Campbell, "Ch 2. Development and Production," *The Silverplate Bombers: A History and Registry of the Enola Gay and Other B-29s Configured to Carry Atomic Bombs*, New York: McFarland&Company, 2005.

3. 「히로시마」

1946년 8월 28일 뉴욕의 지하철 신문 가판대에는 매우 특색 있는 제호가 붙은 주간지 하나가 나와 있었다. 기존에는 화려한 광고 문안과 풍자를 담은 만화로 유명했던 『뉴요커(The New Yorker)』의 특별판 전체가 31,000단어로 이루어진 하나의 이야기만을 담고 있었다. 존 허시(John Hersey)의 「히로시마(Hiroshima)」는 『뉴요커』의 편집인 윌리엄 숀(William Shawn, 1907-1992)과 허시에 의해 히로시마 원폭 투하의 영향을 인간적인 차원에서 그려 내는 이야기로 기획되었다. 숀은 당시 폭탄에 관한 수많은 기사와 글이 원폭 투하 작전을 어떻게 결정했는지, 원폭이 어떻게 제작되었고 투하되었는지에 대해서는 말하고 있지만, 히로시마에 실제로 무엇이 떨어졌는지는 무시되고 있다고 생각했다.[15] 허시는 1946년 5월부터 3주간에 걸쳐 도쿄와 히로시마의 생존자 인터뷰를 시작했고, 도시와 건물의 파괴가 아니라 사람들에게 끼친 영향을 조사했다.[16] 허시는 인터뷰를 한 많은 사람 중에서 6명에게 초점을 맞추어 글을 썼다. 허시의 글은 『뉴요커』의 설립자 겸 편집자인 해롤드 로스(Harold Ross, 1892-1951)의 결정에 따라 『뉴요커』 사상 처음으로 다른 기사를 없애고 하나의 출판물로 발행되었다. 창간 이후 21년 동안 만들어져 온 취향을 거부하고 단일 기사로

---

15   Thomas Kunkel, *Genius in Disguise: Harold Ross of the New Yorker*, New York: Random House, 1995, p.370.

16   Robert J. Lifton and Greg Mitchell, *Hiroshima in America: 50 Years of Denial*, New York: G. P. Putnam's, 1995, pp.86-87; Hugh. Gusterson, *People of the Bomb: Portraits of America's Nuclear Complex*, Minneapolis, Minn.: University of Minnesota Press, 2004.

한 호 전체를 채운 것은 매우 놀라운 결정이었다.[17]

허시는 1914년 6월 천진에서 중국 선교사 로스코 허시(Roscoe Hersey)의 아들로 태어났으며, 10세까지 중국에서 살다가 그의 부모와 함께 미국으로 돌아왔다. 그는 예일 대학을 졸업하고 케임브리지 대학에서 대학원을 마쳤다. 1936년 미국의 첫 번째 노벨 문학상 수상자인 싱클래어 루이스(Sinclair Lewis, 1885-1951)의 비서로 근무했고, 가을부터는 『타임스(The Times)』의 기자로 일을 시작했다. 그는 제2차 세계대전 동안 유럽과 아시아에서의 전투를 취재하여 『타임스』와 『라이프(Life)』, 『뉴요커(The New Yorker)』에 기사를 실었다. 허시는 첫 번째 책으로 태평양에서의 맥아더와 그의 군대를 애국주의적 시선으로 그린 『바탄의 용사(Men on Bataan)』를 1942년에 출간하였으며, 이탈리아 점령 정부에 대한 소설 『아다노를 위한 종(A Bell for Adano)』으로 1945년에 퓰리처상을 받았다. 종전 이후에는 『타임스』와 『뉴요커』의 공동 비용으로 중국과 일본에 대한 취재를 담당했다.[18]

「히로시마」는 여러 매체를 통해 유통되었다. 30여 개의 미국 신문과 5개의 영국 신문은 같은 작품을 연재했고, 『뉴요커』 발행 2주 후인 9월에 ABC 방송국은 일부 내용을 축소하여 광고 없이 4편으로 나누어 편성하여 글 전문을 노동절 주말에 내보냈다. 이 프로그램은 1946년에 최우수 교육 프로그램에 수여되는 피버디상(George Foster Peabody Award)을 수상했다.

---

17   Kunkel, *Genius in Disguise*, pp.371-372.
18   Nancy L. Huse, *The Survival Tales of John Hersey*, New York: The Whitston Publishing Company, 1983; David Sanders, *John Hersey Revisited*, Boston: Twayne Publishers, 1990.

프로그램에서 6명의 성우가 원폭 희생자들의 이야기를 전달했는데, 극 형태로 바꾸지 않고, 허시의 글을 그대로 낭독했다. 이것은 허시의 글을 가감 없이 전하기 위한 노력의 일환이었다.[19] 또한, 그해 가을에 단행본 책으로 출간되면서 '이달의 책(Book-Of-The-Month)'에 선정이 되었다. '이달의 책 클럽'의 편집인 해리 셔먼(Harry Scherman, 1887-1969)은 '이 순간 인류에게 가장 중요한 글'임을 강조하며 84만 명에 가까운 독자들에게 「히로시마」 특별판을 무상으로 제공했다. 1949년에는 맥아더의 미군정과 마찰을 겪었지만, 일본에서도 번역되어 출간될 수 있었다.

허시가 「히로시마」에서 '전달'한 생존자들의 이야기는 냉전이라는 담론 속에서 하나의 텍스트로 기능한다. 허시의 작품은 하나의 물리적 속성을 가지고 1945년이라는 공간을 표현한 것이었지만, 1945년 이후 「히로시마」는 언어적 활동 속에서 담론과 해석으로 여러 의미를 관통하게 된다. 「히로시마」의 발행은 큰 동요를 일으켰다. '죽음과 파괴는 사람과 도시에 그친 것이 아니라 인간 양심에 관여됨'을 밝혔다고 평가한 《뉴욕 타임스(The New York Times)》의 논평과 '허시의 작품은 전쟁의 가장 중요한 고전'이라고 치하한 『뉴 리퍼블릭(The New Republic)』의 논평이 즉각적으로 쏟아졌다. 한 개신교 잡지는 생애 가장 중요한 글이며, '당장 읽을 것'을 권고했으며, 또 다른 잡지는 '원폭 투하의 공포가 독자들에게 전달'되었음을 강조했다.[20] 비판적인 논평으로 "히로시마 원폭 투하의 상황적 맥락을 알

19   Boyer, *By the Bomb's Early Light*, p.204.
20   "Time From Laughter," Editorial, *The New York Times*, 1946.8.31. p.16; Bruce
      Bliven, "Hiroshima," *The New Republic*, 1946.9.9, pp.300-301; Russell S. Hutchinson,
      "Hiroshima," *Christian Century*, 1946.9.25., p.1151; "New Yorker and the Soul,"

리지 못했다."는 비판도 있었다.[21] 「히로시마」에 대한 독자들의 반응이 모두 긍정적이지는 않았지만, 폭발적인 관심을 끌어낸 것만은 분명했으며, 대부분의 독자가 히로시마 원폭 투하를 기억했고, 부끄럽게 생각했다.[22]

존 허시의 「히로시마」는 미국 대중들의 아시아 인식에 결정적인 전환을 가져왔다. 허시의 글은 일본에 대한 전시의 적대감을 감소시켰고, 일본에 대한 대중 인식의 변화에 큰 영향을 주었다.[23] 1945년 갤럽(Gallup) 조사에 따르면 85%의 응답자가 원자폭탄의 사용에 긍정적인 지지를 보냈다. 오직 10%만이 명시적인 반대를 표명했다(American Institute of Public Opinion, 1945).[24] 1945년 11월에 실시된 『포춘(Fortune)』지의 조사에서는 76%의 응답자가 원폭 사용에 대해서 '주저 없이' 지지하거나, 심지어 더 많은 폭탄을 투하했어야 한다고 주장했다.(Fortune, 1945)[25] 오직 일부 가톨릭과 개신교 성직자 단체에서 해리 트루먼 대통령에게 원자폭탄의 영향력을 지적하며 히로시마의 시민들을 상기시키려 노력했다.[26] 그러나 여전

America, 1946.9.14., p.569. Paul Boyer, *By the Bomb's Early Light*, p.207에서 재인용.

21　Mary McCarthy, "The Hiroshima 'New Yorker'," *Politics,* 1946.10, p.367. Boyer, *By the Bomb's Early Light*, p.206에서 재인용.

22　원자폭탄 제조에 관여했던 과학자가 친구에게 보낸 편지에는 존 허시의 글로 인해 느끼게 된 당혹감이 표현되어 있다. A Squires to J. Balderston, AORES IX, 1946.9.7, 2. Alice Kimball Smith, *A Peril and a Hope: The Scientists' Movement in America: 1945-1947*, Chicago: University of Chicago Press, 1965, pp.80-81.

23　Sheila K. Johnson, *The Japanese through American Eyes*, p.46.

24　American Institute of Public Opinion (AIPO) poll, 1945.8.26, Public Opinion Quarterly, IX (Fall 1945), p.385.

25　"Fortune Survey: Use of Atomic Bomb," *Fortune* XXXII, 1945.12, p.305; *Fortune Poll,* 1945.11.30, *Public Opinion Quarterly* IX, 1945.9, p.530.

26　*New York Times*, 1945.8.20; "News of the Christian World: Clergymen Urge Truman to Bar Atomic Bomb," *Christian Century* LXII, 1945.9.12., p.1040; Mrs. J. L. *Weisman*

히 많은 사람이 진주만의 기억을 언급하고 있었고, 원폭 투하에 대해 효과적인 방법으로 적절하게 응징했다고 하며, 과학과 기술의 성과를 자랑스러워했다.

1948년에 UCLA의 심리학과에서 실시한 사회심리 연구는 'Reaction to John Hersey's 「Hiroshima」'라는 제목으로 실시되었다.[27] 이 연구는 399명의 무작위 추출 표본 집단을 통해서 존 허시의 글이 미친 영향에 대하여 분석을 시도했으며, 편지로 존 허시의 「히로시마」에 대한 감상과 평가를 표본화하여 사회적 책임과 인류에 대한 염려, 죄의식을 포함한 11개의 긍정적인 언급과, 과장, 과잉 감정 등의 5개의 부정적인 언급을 분류했다. 조사에서는 399명의 응답자 중 다수가 원폭 투하에 대한 책임감과 원자폭탄 사용에 대한 염려의 감정을 드러냈고, 러시아를 향한 적대적인 감정과 정치적 선전에 대한 언급이 포함되어 있었다. 이처럼 존 허시의 「히로시마」는 일본에 대한 미국 대중의 시각을 극적으로 돌려놓았다. 일본에 떨어뜨린 원폭의 피해자들이 얼굴 없는 적들이 아닌 미국 대중들과 똑같이 살아가는 남녀라는 인식을 심어 주었고, 일본에 대한 전쟁기의 편견과 전형적 이미지가 사라지기 시작했다. 이것은 일종의 감상주의적 서사를 사용하여 대중들에게 아시아를 소개한 것이었으며, 이에 따라 미국의 대중들은 미국 행정부가 수행하는 아시아 정책에 대해 지지를 표명할 수 있

to Editor, Minneapolis Star-Journal, 1945.9.3; New York Herald Tribune, 1945.9.17; "A Woman to Editor," ibid., 1945.8.14; David Lawrence, "What Hath Man Wrought!" U. S. News XIX, 1945.8.17., p.39; Ernest L. Meyer, in Progressive, Oct. 15

27   Joseph Luft and W. M. Wheeler, "Reaction to John Hersey's Hiroshima", Journal of Social Psychology; Political, Racial and Differential Psychology 28, 1948.

었다.

4. 6명의 원폭 경험

　1945년 8월 6일 오전 일본의 일상에서 시작되는 「히로시마」에서는 원
폭 투하 이후 생존자 6명의 경험과 삶을 추적한다. 일본 사람 6명에게 초
점이 맞추어진 허시의 글은, 미국의 원자폭탄이 얼굴을 알 수 없는 다수
의 적에게 떨어졌다는 생각을 이름을 가진 살아 있는 일본인들에게 떨어
진 것이라는 생각으로 변화시켰다. 6명의 증언을 통해 원자력 시대의 개
막과 함께 희생당한 사람들을 조명했다.[28]

　허시의 서술에 등장한 6명의 생존자는 무작위로 선정된 것이 아니었다.
증언은 의도적인 행위이며 어떤 증언을 선택하는 것 역시 의도적인 행위
이다. 먼저, 다니모토 목사는 조지아주 애틀랜타에 있는 에모리 대학에서
신학을 전공했다. 영어로 의사소통할 수 있었고 옷도 미국식으로 입었으
며, 미국인 친구들과 서신을 주고받았다. 그런 이유로 전시에는 경찰 조
사 대상이 되기도 했다. 다니모토 목사는 일본에 충성하는 모습을 보이
고, 불미스러운 일을 방지하기 위해 마을반상회의 대표를 떠맡기도 했다.
1946년 ABC 방송국에서 「히로시마」를 낭독할 때 고용된 6명의 성우 중

28　존 허시, 『1945 히로시마』, 김영희 역, 책과 함께, 2015, 15-16쪽. 본 연구의 발췌문은
　　존 허시의 1946년 도서의 원문을 참고하여 김영회가 옮긴 『1945 히로시마』를 일부 수
　　정하여 사용한다.

한 사람이었던 조셉 줄리안(Joseph Julian)은 적십자 라디오 팀의 일원으로 히로시마를 방문했었고, 그 당시 다니모토 목사를 인터뷰한 적이 있었다. 그리고 ABC 방송에서 줄리안은 다니모토를 연기했다.(Joseph, 1975) 예수회 선교사였던 클라인조르게는 독일 출신으로, 당시 모국이 전쟁에 패하고 독일인은 크게 환영받지 못했다.

원폭이 투하되는 순간을 모두 같은 방식으로 기억하는 것은 아니었다. 인터뷰 과정에서 다르게 표현되었는지 혹은 존 허시가 서술에서 차이를 두었는지는 확실하지 않다. 다니모토 목사는 다음과 같이 기억했다.

> 어마어마한 섬광이 하늘을 가로지르며 번뜩였다. 동쪽에서 서쪽으로, 시내에서 산 쪽으로 이동했다. 거대한 태양이 빛을 뿜어내는 듯했다. … 그는 갑작스레 자신을 짓누르는 압력을 느꼈고, 곧이어 부서진 판자 조각들과 깨진 기왓장 파편들이 그를 덮쳤다. 굉음 같은 건 전혀 들리지 않았다. 허시는 당시 히로시마에 있던 사람 중 원자폭탄이 폭발하는 소리를 들었거나 기억하는 사람은 거의 없다고 부연했다. 일부 사람들, 다니모토 목사의 장모와 처제와 함께 살던 한 어부가 섬광과 함께 폭발음을 들었다고 진술했다)[29]

재단사의 미망인 나카무라 하쓰요 부인은 라디오에서 폭격기들이 히로시마로 접근하고 있으니 안전지대로 대피라고 권고하는 방송을 들었다. 그에게는 10세 아들과 8세와 5세의 두 딸이 있었다. 그녀는 방송을 듣고 아이들을 데리고 대피 장소로 알려진 도시 북동쪽 언저리의 군사 지역

---

29   같은 책, 21-22쪽.

으로 이동했다. 한여름 밤이었기 때문에 돗자리를 깔고 아이들을 눕힐 수 있었으나, 새벽 2시 무렵 폭격기의 굉음을 듣고 잠에서 깼다. 폭격기가 지나가고 아이들을 데리고 집으로 돌아왔을 때는 2시 30분이 조금 지났다. 몇 주 동안 대피 지역을 수차례나 오갔기 때문에 이미 몸과 마음이 많이 지친 상태였다. 아침에 한 차례 공습경보를 경험한 나카무라 부인은 원폭의 투하 시점을 다음과 같이 기억했다.

> 갑자기 주위가 번쩍했다. 온 세상이 난생처음 보는 흰색으로 번뜩 빛났다. … 부지불식간에 모성애가 발동하여 몸이 저절로 아이들에게 향했다. 그러나 한 발짝 떼는 순간 무언가가 자신을 들어 올려 냅다 패대기치는 듯했다. (나카무라 부인의 집은 폭심지에서 1.2킬로미터 정도 떨어져 있었다) 나카무라 부인은 바닥에서 한 단 정도 높이 있는 평상 위를 가로질러 옆방으로 휙 날아갔고, 집의 파편들이 쫓아 날아왔다. … 아이 우는 소리가 들렸다. "엄마, 살려줘!" 다섯 살 난 막내 미에코였다. 가슴팍까지 파묻혀 움직이지 못하고 있었다. 나카무라 부인은 미친 듯이 기어서 막내에게로 갔다. 나머지 두 아이는 인기척 하나 없이 온데간데없었다.[30]

후지이 마사카즈 박사는 의사 한 사람이 운영하는 개인 병원의 원장이었다. 병원 건물은 30명 정도의 환자와 그 가족을 수용할 수 있는 병실을 갖추고 있었다. 규모는 작은 병원이었지만, 현대식 치료 시설과 검사실을 갖추고 있었다. 병원의 위치가 특징적인데, 교바시강 자락에 자리 잡고

---

30 같은 책, 26-27쪽.

있었다. 건물이 강 쪽으로 일부 튀어나와 있었고, 후지이 박사가 기거하는 부분은 강 쪽으로 나와 있는 형태였다. 그는 이곳에 앉아 강을 오가는 유람선 보는 것을 즐겼다. 7월부터는 히로시마가 공격 대상이 될 가능성이 있었기 때문에 입원 환자는 받지 않았다. 그래서 병실에는 단 두 명의 환자와 간호사 여섯 명이 머물고 있었다. 후지이 박사의 아내와 아이들은 상대적으로 안전한 오사카 외곽에 머물고 있었고, 아들 한 명과 두 딸은 규슈의 시골 마을에 보냈다. 전쟁이 일어나기 전에는 스코틀랜드산이나 미국산 브랜디를 즐겼지만, 당시에는 일본산 고급주를 찾아 마셨다. 그가 기억하는 원폭 투하의 순간은 다음과 같다.

> 갑자기 하늘이 번쩍였다. 시가지를 등지고 앉아 신문을 읽고 있었기 때문에 그에게는 눈부시고 노란빛으로 보였다. … 그의 뒤편에서 병원 건물이 기울더니 우지끈하는 무시무시한 소리와 함께 강으로 처박혔다. 후지이 박사는 일어나려고 엉거주춤하던 상태에서 나동그라져 이리저리 굴렀다. 뒤집히고 내팽개쳐지다가 무언가에 짓눌렸다. 정말 순식간에 벌어진 일이라 모든 것이 혼미하던 순간에 몸이 오싹하면서 강물이 느껴졌다. … 왼쪽 어깨를 심하게 다쳤고 안경도 어디론가 사라지고 없었다.[31]

38세의 빌헬름 클라인조르게는 예수회 소속 신부로 히로시마에 거주 중이었다. 사람이 많지 않은 월요 미사에서 그가 감사기도문을 낭독하는 중에 대피 사이렌이 울려 제례를 중단하고 피신할 수밖에 없었다. 공습경

---

31 같은 책, 29-30쪽.

보가 울린 후 그는 사제관 1층에 있는 자신의 방으로 돌아와 고베에서 교사를 할 때 얻은 군복으로 갈아입었다. 그리고 공습경보가 해제된 이후에는 3층으로 올라와 예수회 잡지를 읽기 시작했다. 그 이후의 기억은 다음과 같다.

> 바로 그때 무시무시한 섬광이 번쩍했다. (그는 당시 그 섬광을 봤을 때 어릴 때 읽은 지구에 충돌한 거대한 유성 이야기가 떠올랐다) 클라인 조르게 신부는 언뜻 '자신들이 직격탄을 맞았구나!' 하는 생각을 했다. 그러고는 몇 초인지, 몇 분인지 만에 정신을 잃었다. … 정신을 차려 보니 속옷 바람으로 선교회 텃밭에서 허둥대고 있었고, 왼쪽 옆구리의 상처에서 피가 조금 흐르고 있었다. 또 예수회 사제관을 제외한 주변의 모든 건물이 폭삭 내려앉아 있었다. … "주여, 우리를 불쌍히 여기소서!"라고 계속 울부짖었다.[32]

사사키 데루부미 박사는 적십자 병원의 외과 의사였다. 어머니 집은 히로시마에서 떨어진 무카이하라에 있어서 스물다섯 살의 그가 병원까지 통원하는 데는 기차와 전차로 두 시간이 걸렸다. 그는 중국 칭다오의 동아 의과 전문학교에서 수련을 마친 지 얼마 되지 않았고, 병원에서의 업무는 여러 가지로 그를 지치게 하던 중이었다. 그는 1층 병실에서 매독 검사를 하기 위해 환자의 팔에서 혈액을 채취하고 3층으로 이동하던 복도에서 열려 있던 창문을 통해 갑작스러운 광경을 목격했다. 그의 묘사는 다음과 같다.

---

32 같은 책, 32-33쪽.

… 마치 거대한 사진용 플래시처럼 폭탄의 섬광이 복도에 반사되었다. 그는 한쪽 무릎을 꿇고 몸을 수그렸다. 그리고 일본인 특유의 혼잣말을 중얼거렸다. "사사키, 힘내!" 그 순간 폭풍이 일어 병원을 갈기갈기 찢어 놓았다. 그가 낀 안경은 벗겨져 날아가고, 들고 있던 혈액 시험관은 벽에 부딪혀 산산조각 났다. 신고 있던 조리도 벗겨져 날아갔다. 하지만 그것 말고는 멀쩡했다. 모두 그가 서 있던 위치 덕분이었다. … 사사키 박사는 병원에서 부상을 당하지 않은 의사는 자신뿐인 걸 알았다.[33]

사사키 도시코 양은 동양제관 공장에 근무했으며, 새벽 일찍 기상하여 입원한 어린 남동생을 돌보기 위해 출타 중인 어머니를 대신해서 집안일을 돌봐야 했다. 집에는 아버지와 또 다른 남동생, 여동생이 각각 한 명씩 있었다. 사사키는 가족들이 먹을 아침밥을 준비했고, 병원에 있는 어머니와 생후 11개월 된 남동생을 위한 하루치 음식도 장만해야 했다. 그렇게 모든 일을 정리하고 공장에 출근해서 일을 시작하기 전에 서류를 정리하고 있었다. 그가 창가 반대쪽으로 고개를 돌렸을 때 본 광경은 다음과 같다.

… 사무실이 눈도 못 뜰 정도로 눈부신 빛으로 가득 찼다. 두려움에 온몸이 굳어 버려 한동안 자리에서 꼼짝도 할 수 없었다. 모든 것이 무너져 내렸고 사사키 양은 의식을 잃었다. 갑자기 천장이 무너져 내리더니 위층의 목재 마루가 우지끈 갈라지며 붕괴되고, 그 위에 있던 사람들이 떨어지고, 결국에는 지붕마저 무너져 내렸다. 그러나 무엇보다 바로 뒤편에 있던 책장이

33 같은 책, 35쪽.

앞으로 엎어지면서 꽂혀 있던 책들이 죄다 그녀 쪽으로 쏟아진 것이 문제였다. 그 바람에 끔찍하게도 왼쪽 다리가 몸 안쪽으로 꺾여 부러지고 말았다. 원자력 시대가 열리는 첫 순간, 이 공장에서 한 인간을 으스러뜨린 것은 다름 아닌 책이었다.[34]

일본 본토 폭격이 시작된 후 피난 간 사람을 제외하고 25만 명의 히로시마 사람 중에서 10만 명이 한순간에 죽거나 죽을 운명에 놓였고, 또 다른 10만 명이 부상을 당했다. 당시 가장 큰 규모의 병원은 600개의 침상을 보유한 적십자 병원이었다. 그곳에는 부상자 수에 비해서 의사와 간호사 수가 현저하게 부족했지만, 치료가 지속적으로 이루어졌다고 한다. 생존자들은 그들 자신이 성직자라 할지라도, 그들의 도움을 바라는 부상자나 잔해에 깔린 사람들을 몇 번이나 외면할 수밖에 없었다. 그들은 시신들과 뒤엉켜서 잠을 청해야 했고, 살아남기 위해서 다리를 절단해야 했다. 일본의 항복으로 전쟁이 끝난 이후에도 사람들의 고통은 계속되었다. 주석 공장 여직원 사사키는 다리를 절단하여 불구가 되었고, 나카무라 부인은 빈곤해졌다. 클라인 소르지 신부는 도쿄에 있는 병원에 입원해야 했다. 사사키 의사는 의료 활동을 쉬어야 했으며, 후지이 의사는 개인 병원을 잃었다. 다니모토 목사의 교회는 파괴되었고, 그의 정열도 사그라졌다.[35]

---

34 같은 책, 37-38쪽.
35 같은 책, 32-33쪽.

5. 의료 경험

허시의 글에 등장하는 6명 중 후지이 마사카즈와 사사키 데루부미는 원폭 투하를 경험하고 이후 피폭자들의 의료 관리에 나섰던 의료인들이다. 개인 병원을 운영했던 후지이 마사카즈 박사의 경우 원폭 투하 이후 교외 지역에서 피난민을 치료하는 일을 했다. 후지이 박사가 운영했던 개인 병원은 교바시강을 가로지르는 교바시 다리 근처에 자리를 잡고 있었고 건물의 한 부분이 강 쪽으로 튀어나온 형태로 지어졌다. 즉 말뚝에 의지해서 조수가 드나드는 교바시강 위에 떠 있었다. 툇마루에서는 유람선이 오가는 강을 조망할 수 있어서 후지이 박사는 이 돌출 부분에 기거했다. 30명의 환자와 그 가족들을 수용할 수 있는 30개의 병실을 갖추고 있었기 때문에, 제법 규모가 있는 개인 병원이었다. 이 병원은 환자용 침대 대신에 다다미를 사용했지만 엑스선 검사기, 고주파 치료기 등과 같은 현대식 설비를 갖추고 있었다. 원폭 투하 이후 교외 지역에서 의료품을 구해 피난민들을 치료하는 일을 시작했다. 한 달여가 지난 이후부터 환자들에게 기이한 증후가 발현되는 것을 확인했지만 상처와 화상 부위를 감싸는 것 이외의 다른 시술을 할 수는 없었다. 그 후 오타강에 인접한 산 위에 자리 잡은 농가에서 지냈다. 그리고 히로시마 동부 교외 지역에 개인 병원이 비어 있다는 소식을 듣고 그 병원을 매입하여 그곳으로 이사했다.

또 다른 의사인 사사키 데루부미 박사는 적십자 병원의 외과 의사였으며, 원폭 투하 이후 환자들에 대한 경험을 상세히 소개했다.

적십자 병원에서 그는 원폭을 직접 경험했고, 이후 병원으로 몰려오는 환자들을 치료했다. 원폭 이후 그가 다시 정신을 차렸을 때는 곳곳에 의료 도구가 흩어져 있었고 많은 환자의 비명 소리가 들렸다. 곧 병원에서 상처를 입지 않은 의사는 자신이 유일하다는 것을 알게 되었다. 그는 병원에 있는 환자를 돌보기 시작했고 곧 병원 밖에서 몰려오는 환자들을 포함해서 엄청난 수의 환자를 맞아야 했다.

원폭 투하와 같이 대규모의 사상자를 내는 경우 많은 사람이 부상을 입고도 치료를 받지 못하거나 생존할 수 있는 상황 속에서도 사망할 가능성이 커진다. 이는 대규모의 사상자 속에 의사들이 포함되어 있기 때문이기도 하다. 당시 히로시마는 150여 명의 의사를 보유하고 있었는데, 이 중 65명이 즉사했고 생존한 의사의 대다수가 부상을 당했다. 또한 1,780명의 간호사 중에서 1,654명이 죽거나 치명상을 입어 환자를 돌볼 수 없는 상황이었다. 사사키 박사가 근무했던 적십자 병원은 히로시마에서 가장 큰 병원이었으나 의사 30명 중에서 6명만이 진료할 수 있었고 간호사의 경우 200명 중 10명만이 업무를 수행할 수 있었다. 히로시마는 24만 5천 명이 거주하는 도시였는데, 대략 10만 명이 죽거나 치명상으로 목숨이 위태로운 상황이었고 그 외 10만 명이 부상을 당한 상태였다. 히로시마에서 가장 좋은 병원이었던 적십자 병원은 병상 수가 600개였는데, 대략 1만 명이 일시에 몰려오는 상황이었다.

적십자 병원의 경우 유일하게 부상을 당하지 않은 사사키 박사만이 폭발 직후 붕대와 약품을 수습해서 다친 환자에게 응급처치를 할 수 있었다. 원폭으로 인한 대규모 재난 상황에는 미리 마련된 대응 방침이 없었다. 사사키 박사는 우선 가까이에 있는 환자부터 치료했다. 그리고 복도가 환자로 가득 차면서 경미한 환자는 지나치게 되고, 최종적으로는 과다 출혈로 인한 사망을 막는 것을 목표로 했다. 이제는 외과 의사로서 끔

찔할 정도로 부상을 입은 인간에 대한 연민을 지우고, 기계적인 동작으로 닦고 바르고 감는 행위를 반복해야 했다.

사사키 박사는 해가 질 때까지 붕대 뭉치와 머큐로크롬병을 들고 복도를 오가야 했다. 폭발 때문에 안경이 망가져서 부상당한 간호사에게 도수도 맞지 않은 안경을 빌려 이후 한 달가량 착용해야 했다. 현재로서는 상처가 심한 곳에 붕대를 감아 주고 화상에는 식염수 습포를 대 주는 것이 그가 할 수 있는 유일한 일이었다. 해가 지고 난 이후에는 촛불에 의지해서 살아남은 열 명의 간호사와 함께 환자를 치료했다. 적십자 병원은 여러 군데 파괴되었고 환자들이 계속 사망했지만, 파괴된 병원을 손보거나 시신을 수습할 사람이 없었다. 병원 직원들이 과자와 주먹밥을 준비했지만, 고약한 냄새 때문에 음식을 먹을 수 있는 사람이 없었다. 병원 자체가 하나의 시체안치소 같았다. 새벽 3시가 지나면서 더 이상 견딜 수 없었던 사사키 박사는 의료진 몇 명과 함께 병원 뒤편에 숨어 잠시 잠을 잤다. 그러나 한 시간도 지나지 않아 부상자들에게 발견되어 불만을 듣고 다시 병원으로 돌아왔다.

적십자 병원은 점차 질서를 잡아 갔다. 사사키 박사도 집에서 휴식을 취하고 돌아와 환자 분류를 시작할 수 있었다. 환자 분류는 의학적 처치를 하기 위한 가장 우선적인 단계지만 그때까지만 해도 환자들은 병원의 아무 곳에나 방치되어 있었다. 병원 관계자들은 조금씩 파괴된 병원의 파편을 정리하고 그 과정에서 시신도 정리하기 시작했다. 시신들은 병원 밖 빈터로 옮겨서 장작더미 위에 올려 화장한 후 엑스선 감광건판 보관용 봉투에 재를 담아 사무실에 가지런히 정리해 두었다. 임시로 마련된 빈소에 봉투들이 넘쳐 났다. 사사키 박사는 그 이후 밤마다 6시간씩 병원 바닥에서 휴식을 취했다. 비교적 체구가 작은 그는 몸무게가 무려 9킬로그램이나 줄었다.

몇 주 동안 히로시마 전역에서 병원과 구호소는 환자들로 가득 찼다. 의료진도 변동이 심했고 환자들도 이곳저곳을 옮겨 다닐 수밖에 없었다. 허시의 글에 등장하는 사사키 양도 세 차례나 병원을 옮겨 다녔고 마지막에는 적십자 병원으로 이송되었다. 사사키 양을 담당한 의사가 사사키 박사였다.(두 사람의 성이 같은 것은 우연이다) 사사키 박사는 당시 여덟 명을 수용한 개인 병실 한편에 돗자리를 마련해 놓고 사사키 양을 치료했다. 그의 증상을 세심히 물어 가며 진료카드를 작성했다. 진료카드에 적힌 소견은 다음과 같다.

> 중간 체격의 여자 환자로 건강 상태 양호, 좌측 정강이뼈 복합골절, 좌측 종아리 부위 부어오름, 피부와 육안으로 관찰되는 점막에는 점상 출혈로 곳곳에 반점이 나타남. 출혈의 크기는 보통 쌀알만 하지만 콩만 한 것도 눈에 띔. 그 외에 머리와 눈, 목, 폐, 심장은 정상으로 보임, 열이 있음.

사사키 박사는 사사키 양에게 골절을 접합해 깁스를 해 주고 싶었으나 석고가 동이 났기 때문에 달리 도리가 없어 돗자리에 반듯이 눕혀 놓고, 열을 내려 주는 아스피린을 처방해 주고, 영양 보충을 위해 정맥주사로 포도당을 주입하고 다이아스테이스를 복용하게 했다. 다만, 오해를 피하기 위해서였는지 영양 결핍을 해결해 주기 위한 처방을 진료카드에 기록하지는 않았다. 사사키 양의 특징 있는 증세는 출혈 반점이었다.

적십자 병원의 사사키 박사와 동료 의사들은 원자병의 세 단계에 대한 이론을 세우게 된다. 첫 번째 단계는 전혀 새로운 질병을 다루고 있다는 사실을 의사들이 알기 이전에 진행이 끝나는 경우이다. 이 단계에서는 폭탄이 터지는 순간 방출된 중성자와 베타입자 그리고 감마선에 의한 충격이 신체에 직접적인 영향을 끼친다. 외상 여부와 상관없이 몇 시간 혹은 며칠 만에 죽음을 맞는다. 폭심지에서 800미터 이내에 있던 사람들의 95퍼센트가 이 단계에서 사망했고 더 멀리 떨어진 지점에서도 수천 명이 사망했다. 이 경우는 사망자 대부분이 화상과 돌풍이 아니라 치사량의 방사능을 받으면서 체내의 세포가 파괴되어 세포핵이 변질되고 세포벽이 붕괴되었다. 즉사하지 않은 수많은 사람은 며칠간 지속되는 여러 증상에 시달렸다.

두 번째 단계는 폭발 후 열흘 혹은 보름이 지나고 발견됐다. 탈모가 보편적인 증상이고 그 뒤를 이어 설사와 발열 증세가 나타났는데, 일부 경우에는 체온이 41도까지 올라갔다. 폭발 후 25일 혹은 한 달여 지나서는 혈액 이상 증세가 나타났다. 잇몸에서 피가 나고 백혈구 수치가 급감하면서 피부와 점막에 점상 출혈이 생겼다. 알려진 바와 같이 백혈구의 감소는 면역 능력을 저하시켰고 환자들에게 인후염이나 구내염이 많이 발생했다. 고열이 지속되는 경우 환자의 생존 가능성이 낮았다. 백혈구 수치도 4,000 이하로 떨어져서 1,000 이하가 되는 경우가 있었고 그 경우 생존 가능성이 희박했다. 빈혈도 빈번하게 발견되었다.

세 번째 단계는 인체가 질병으로 입은 손실에 대응하는 단계이다. 백혈구 수치가 정상을 회복하거나 오히려 더 증가하는 경우가 있었다. 이 단계에서는 흉강 감염 같은 합병증으로 사망했다. 대부분 화상이 치유되었으나 켈로이드로 알려진 분홍빛의 흉터 조직이 생겼다. 질병의 지속 기간은 환자의 체질과 방사능 흡수량에 따라 달랐다. 희생자 중 일주일 만에 회복되는 경우도 있었고 수개월을 이어 가는 예도 있었다.

의사들은 원자병을 엑스선에 과노출되었을 때 발생하는 증상과 유사하다고 인식하고 그에 필요한 조치로 간유, 수혈, 비타민 B1을 처방했다. 당시 일본의 의약품과 기구가 부족했던 것을 고려하면 이 정도의 처방을 수행하는 것은 불가능에 가까웠다. 종전 이후에는 혈장과 페니실린이 효과적이라는 것을 알게 되었다. 종국에는 혈액 이상이 원자병의 결정적 요인으로 인식되었고, 폭발 당시 흡수된 감마선이 뼈의 구성 물질인 인을 오염시키면서 베타입자를 방출하고 그 입자들이 피부 깊숙한 곳까지 침투하지는 않더라도 조혈을 담당하는 골수에 침투하여 점진적으로 골수를 파괴한다고 생각했다.

대량의 피폭자가 발생했을 때 일본의 의사들은 우선 진단을 내리는 데 집중했다. 그러나 진단을 내리고 이론을 세우고 검증하려고 노력해도 이해할 수 없는 특징이 있었다. 이 질병에 걸린 모든 환자의 증상에는 공통점이 없었던 것이다. 섬광화상을 입은 환자들은 오히려 이 원자병에 걸리지 않은 경우가 많았다. 또한 폭발 후 며칠간 혹은 몇 시간 안정을 취한 사람들은 이리저리 돌아다닌 사람들에 비해 발병 확률이 낮았다. 탈모가 진행되어도 흰머리는 거의 빠지지 않았다. 남자들은 불임이 되고 여자들은 유산을 했고 생리도 멈추었다.

사사키 양이 부상을 입은 지 11주째인 10월 23일, 사사키 박사는 사사키 양의 다리 부위에 고여 있던 고름을 빼내기 위해 프로카인 국소마취제를 투여하여 다리를 절개했다. 사사키 박사는 아침저녁으로 사사키 양의 절개 부위를 소독하고 붕대를 감았다. 일주일 후 다시 절개를 했고, 11월

초에 세 번째 절개, 그리고 11월 말에 다시 부위를 넓혀 절개를 했다. 사사키 양의 다리가 내내 부어 있었기 때문에 골절 접합은 시도도 하지 못했다. 11월에 촬영한 엑스선 사진에서는 뼈들은 치유되고 있는 것이 보였지만 왼쪽 다리와 오른쪽 다리의 길이가 9센티 정도 차이를 보였고 왼발이 안쪽으로 굽어 있었다.

적십자 병원의 운영이 정상으로 돌아오기까지 6개월이나 걸렸다. 시에서 전력을 복구할 때까지 병원은 뒤뜰에 있는 일본 육군의 발전기에 의지해서 버텨야 했다. 수술대, 엑스선 촬영기, 치과용 의자 등 복잡하고 중요한 기구들은, 많지는 않지만 다른 도시들의 지원으로 유지할 수 있었다. 최초 4개월 동안은 병원 의료진 중에서 사사키 박사가 유일한 외과 의사였기 때문에 업무가 가중될 수밖에 없었다. 이듬해 3월 결혼을 하고 체중도 어느 정도 회복하고 식욕도 돌아왔지만, 여전히 피로감은 극심했다.

당시 수집된 통계에서 사망자는 78,150명, 실종자 13,983명, 부상자 37,425명이었다. 시간이 지날수록 발견되는 시신의 수가 늘어났고, 적어도 10만 명이 사망한 것으로 추산되었다. 복합적인 이유로 사망하는 경우가 있었기 때문에 원인별 사망자 수를 정확히 추산하는 것은 어려웠다. 대략적으로는 25퍼센트가 폭탄에 의한 직접적인 화상으로, 50퍼센트가 그 외의 부상으로 그리고 20퍼센트가 방사성물질 피해의 결과로 사망한 것으로 추산되었다. 재산 피해로는 건물 9만 채 중 6만 2,000채가 파괴되었고, 추가로 6,000채가 복구할 수 없을 정도로 파괴되었다. 1923년 간토대지진 이후 일본의 건축 법규는 대형 건물의 경우 지붕이 버텨야 하는 하중을 30제곱센티미터에 30킬로그램으로 정하고 있었기 때문에 히로시마의 많은 건물은 매우 튼튼한 상태였으나 원자폭탄을 이겨 낼 정도는 아니었다.

허시의 글에 등장하는 또 다른 인물인 클라이조르게 신부는 원폭 투하 이후 소화가 힘들고 복통이 심해졌다. 백혈구 수는 3,000개 정도였으며 빈혈이 심했다. 체온은 40도에 가까웠다. 의사들이 원자병에 대해 지식이 전혀 없었기 때문에 증세에 대해서 정확한 답변을 내놓지는 못했지만, 환자의 앞에서만큼은 곧 퇴원할 수 있다고 고무적으로 말했다. 그러나 환자가 나가고 나서는 "저 환자는 곧 죽을 겁니다. 원자폭탄 환자들은 모두 죽어요. 곧 아시게 될 거예요."라고 말했다. 클라이조르게 신부에게는 고영양 공급 처방이 내려졌다. 세 시간마다 달걀 몇 알 혹은 육수를 먹어야 했고, 설탕을 최대한 먹어야 했다. 비타민제, 그리고 빈혈 치료를 위한 철분제와 비소제(파울러 용액)가 제공되었다. 그러나 의사의 예측과 달리 클라인조르게 신부는 죽지 않았고 곧 퇴원하지도 않았다. 수혈요법이 제일 나은 방법이었으나 수혈 과정에서 오히려 출혈이 심해질 수 있다는 잘못된 판단으로 수혈을 받지는 못했다. 그렇지만 상당히 빠르게 고열과 소화 장애에서 벗어났다. 백혈구 수치 또한 증가와 감소를 오가다가 5,800으로 안정되었다. 클라이조르게 신부의 사례는 호기심의 대상이 될 정도로 드문 사례였다.

6. 결론: 원폭 이후 40년

히로시마와 나가사키 원폭 투하를 겪은 사람들을 지칭할 때, 일본인들은 '생존자'라는 단어를 가급적 사용하지 않으려 했다. 살아 있다는 점에

초점을 맞춘 이 단어가 숭고한 죽음을 맞은 자들을 다소 경시하는 듯한 느낌을 줄 수 있기 때문이었다. … 그 대신 '피폭자'라는 다소 중립적인 단어를 사용했다. 원자폭탄이 투하되고 십여 년이 지나도록 피폭자들은 경제적으로 매우 불안정한 처지에 놓여 있었다. 일본 정부는 패전국인 일본이 저지른 극악무도한 행위에 대한 도덕적 책임 등을 비롯하여 그 어떤 책임도 지고 싶지 않은 것이 분명했다.

위의 진술은 본 논문에서 다룬 존 허시(John Hersey)의 「히로시마」에서 발췌한 글인데, 특별히 허시가 40년이 지나서 1946년에 만난 6명의 생존자들이 살아가는 모습을 새롭게 확인하고 추가 인터뷰를 한 이후 책을 재발행하는 과정에서 추가한 내용의 서두에 나오는 글이다. 허시는 재봉사의 미망인인 나카무라 부인이 건강이 안 좋아져서 어쩔 수 없이 재봉틀을 팔아야만 했을 때를 '가장 힘들고 슬픈 순간'이었다고 설명하면서 위의 진술을 덧붙였다. 글에서 허시는 원폭 피해자들에게 필요한 조치가 제공되지 않았다며 그 책임을 일본 정부에게 물었다.

사사키 데루부미 박사는 원폭 투하 이후 며칠간 겪어야 했던 참혹한 현실을 잊지 못했다. 그는 적십자 병원에서 외과 수련의로 근무하고 교외 지역에 있는 히로시마 대학에서 박사논문을 완성했다. 이런저런 사정으로 박사학위 취득이 많이 늦어졌다. 적십자 병원에서 주로 담당한 업무는 켈로이드 흉터를 제거하는 것이었다. 심각한 화상 부위를 치료하기 위해서 큰 노력을 기울였으나 관련 지식이 없었다. 사실 사사키 박사의 아버지는 의사였고 개인 병원을 운영하여 많은 돈을 벌었다. 그래서 개인적으로는 큰 어려움을 겪지는 않았다. 1951년에 적십자 병원을 퇴직했고 무카이하라에 개인 병원을 차렸다. 원래 사사키 박사 부친의 병원은 의사 집안 관례에 따라 장남인 형이 물려받기로 되어 있었으나 형이 전쟁터에서 전사하는 바람에 차남인 사사키 박사가 부친이 살던 곳에 병원을 개업하게 되었다. 사사키 박사는 더 정확히는 '피폭자가 되는 것에서 도피하기'를 원했다. 그는 원폭 투하에 대해서 그 이후에 누구와도 이야기하지 않았다.

본 연구는 구술 인터뷰를 기반으로 원폭 투하 이후의 경험을 기술한 존 허시의 글을 대상으로 했기 때문에 작품이 지니고 있는 서술과 내용의 한계를 안고 있다. 그러나 사사키 데루부미 박사가 경험한 직접적인 경험은 원폭 투하 이후 며칠간 혹은 몇십 년간에 걸쳐 의료인들이 경험하게 되는 원폭 후유증의 첫 기록이라는 점에서 의의가 있다.

중등도 이상 치매 환자 재가 돌봄의 어려움

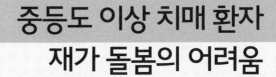

김현수

경희대학교 인문학연구원 HK+통합의료인문학연구단 HK연구교수

1. 서론

법률 제16408호 「치매관리법」 제2조(정의)의 1호에 따르면, 치매란 퇴행성 뇌질환 또는 뇌혈관계 질환 등으로 인하여 기억력, 언어능력, 지남력(指南力), 판단력 및 수행능력 등의 기능이 저하됨으로써 일상생활에서 지장을 초래하는 후천적인 다발성 장애를 말한다. 치매가 법률에 의하여 관리되어야 하는 특별한 측면이 있다는 것을 법률의 제정 사실만으로도 알 수 있다. 또한 그것이 일상생활에 지장을 초래하는 일종의 후천적 다발성 장애이며, 원인은 뇌질환 또는 뇌혈관계 질환 등이라는 점과 더불어 기억력, 언어능력, 지남력, 판단력 및 수행능력 등의 기능 저하를 초래한다는 것까지를 해당 법률의 제2조(정의)는 알려 준다. 그러나 치매의 이러한 법률적 정의는 해당 능력 등의 기능 저하로 인한 일상생활의 지장이 지닌 다양한 스펙트럼, 다시 말해 치매의 심한 정도 차이를 드러내지 못한 채, 그것이 장기요양기관과 같은 곳에서 '관리'될 수 있다는 신뢰를 전제로 삼고 있는 듯이 보인다.

그렇다면, 치매의 의학적 정의는 어떠한가? 한국질병분류 정보센터(KOICD, Korean International Classification of Diseases)의 제8차 한국표준질병·사인분류(KCD, Korean Standard Classification of Diseases)에 따르면, 치매는 기억력, 사고력, 지남력, 이해력, 계산능력, 학습능력을 포함하는 여러 고위피질기능의 장애가 있는 만성 또는 진행성의 뇌질환에 의한 증후군이다. 분류표에서 정신 및 행동 장애(Mental and behavioural disorders, F00-F99) 중에서도 증상성을 포함하는 기질성 정신장애(Organic, including symptomatic, mental disorders, F00-F09)에 해당하는 치매는 크게 알츠하이머병에서의 치매(Dementia in Alzheimer's disease, F00), 혈관성 치매(Vascular dementia, F01), 달리 분류된 기타 질환에서의 치매(Dementia in other diseases classified elsewhere, F02), 상세불명의 치매(Unspecified dementia, F03)로 나눈다.

「치매관리법」과 비교하여 제8차 한국표준질병·사인분류에 기술된 치매의 정의에서 주의를 끄는 부분은 '만성 또는 진행성의 뇌질환에 의한 증후군'이라 함으로써 기억력, 사고력, 지남력, 이해력, 계산능력, 학습능력을 포함하는 여러 고위피질기능의 장애가 있는 상태의 원인을 만성화된 뇌질환 또는 진행성의 뇌질환으로 구분하는 부분이다. 양자는 모두 고위피질기능의 장애 상태가 불가역적임을 드러낸다. 특히 후자의 특징을 규정하고 있는 '진행성'의 용어는 치매의 정도가 초기(경도)를 지나 중기(중등도)와 말기(고도)로 더욱 심하게 진행되어 갈 것임을 보여준다.[1]

현재까지 치매의 치료제는 없다. 그 진행의 속도를 늦출 수 있을 뿐이다. 그러나 그조차도 초기 치매 환자 혹은 중기 치매 환자 일부의 증상 치

---

1 「치매관리법」의 치매 정의 가운데, '퇴행성'의 용어도 기능 감퇴의 지속적 진행을 의미한다.

료에 효과적일 뿐, 기능의 저하나 소실의 장애를 정상의 상태로 되돌릴 수 있는 것도 아니다.

알츠하이머병의 기본적인 병태생리로 일반적으로 받아들여지고 있는 콜린성 가설(cholinergic hypothesis)에 기초하여 중추신경계에서 아세틸콜린의 합성과 방출을 늘리거나 시냅스에서 아세틸콜린의 농도를 높이기 위해 가장 효과적이며 현재 임상에서도 사용되는 아세틸콜린분해효소 억제제(acetylcholinesterase inhibitor, 이하 AchEI) 계통의 약물이 경도와 중등도 단계의 알츠하이머병 환자의 증상 치료에 효과적이라는 것은 널리 알려져 있는 사실이지만, 좀 더 심각한 손상을 보이는 후기 단계의 치매 환자에게 효과가 있음을 보고한 연구 결과는 극히 제한적이다.[2] 이 때문에 국내에서도 알츠하이머형 치매와 혼합형 치매로 진단된 중등도 이상의 치매 환자 총 44명을 대상으로 시냅스 내 상승된 글루타메이트(glutamate)에 의해 병리적으로 활성화되는 NMDA(N-methyl-D-aspartate) 수용체를 길항하여 학습 및 기억 능력 등과 관련된 생리활성을 유지시켜 치료 효과를 나타내는 메만틴(memantine) 연구를 보고한 바 있는데, 인지기능이 향상된 반응군의 비율은 50%였다.[3] 그러나 해당 연구 결과는 시선을 달리하면, 메만틴의 투여에도 반응군 50%는 인지기능이 오히려 악화되었다는 의미이다. 따라서 중등도 이상 알츠하이머형 치매 환자가 아세틸콜린분해효소 억제제 계통의 약물이나 메만틴 치료에 반응을 보일 경우에는 일

2　안인숙 외, 「중등도 이상의 치매 환자에서 Memantine의 치료 효과와 안전성 평가」, 『대한정신약물학회지』 18-3, 2007, 164쪽.

3　안인숙 외, 같은 논문, 164-169쪽 참조.

정 정도 증상의 호전이나 진행 속도의 지연 등 치료에 효과적이나, 그렇지 않은 경우에는 치료가 불가능하다고 볼 수 있다.[4]

병의원을 찾는 아픈 이들과 그들의 보호자들은 전문 의료인의 진단과 그에 따른 처방을 성실하게 준수하는 것으로 환자의 증상이 호전되고, 더 나아가서는 치료될 것이라 기대하며 삶을 영위한다. 그러나 치매의 경우, 이러한 기대를 품은 삶의 영위는 오히려 치매 환자를 돌보는 가족들로 하여금 치매 환자의 증상 진행 앞에서 더 큰 고통을 불러일으킬 수 있다.

그 기원을 알 수는 없으나, 서양에서는 특히 알츠하이머병에서의 치매를 두고 '긴 작별 인사(The long goodbye)'라는 별명을 사용한다. 돌봄을 행하는 과정을 알츠하이머병을 지닌 치매 환자가 조금씩 정신을 도둑맞아 사라져 가고 있는 '긴 작별 인사'의 시간들로 이해하기 때문이다. 이러한 이해를 치매 환자에 대한 포기나 체념으로 볼 수는 없다. 오히려 치매에 대한 올바른 인식을 토대로 돌봄을 행하는 가족들이 치매 환자와의 사이에서 새로운 갈등이나 고통을 불러일으키지 않을 수 있는 합리적 태도로 보아야 할 것이다.

2017년 고령사회 진입 이후, 2025년 초고령사회 진입을 얼마 남겨두지 않은 최근에 이르기까지 국내 치매 관련 연구는 많이 이루어졌다. 그러나 해당 성과들 가운데, 중기(중등도), 말기(고도) 치매와 관련된 연구는 손에 꼽을 정도이며, 대부분 초기(경도) 치매에 집중되어 있다. 기대수명과 건

---

4 리빙스턴(Livingston) 외와 한(Han) 외의 연구에 따르면, 현재까지 AchEI 계통의 약물과 메만틴 모두 알츠하이머병에 대한 유효한 질병 수정 결과는 없으며 그 효과 정도도 매우 작은 것으로 보고되었다. 강신성, 「알츠하이머병에 대한 뇌과학 연구 동향」, 『KASSE 첨단과학기술 동향』 4-2, 2020, 18쪽.

강수명의 불일치도 걱정스러운 상황이지만, 치매 환자가 지속적으로 증가하는 상황에서 치매에 대한 올바른 인식을 확산하기 위한 마중물 역할을 할 관련 연구가 지속적으로 축적되어 사회적으로 환류되지 못하는 것은 더욱 큰 문제이다. 이에 향후 치매 관련 연구의 방향은 초기(경도)에 편중된 데서 벗어나 중기(중등도)와 말기(고도)에 집중될 필요가 있다.

이 글에서는 중등도 이상 치매 환자를 가정에서 돌보는 경우의 어려움에 대해 살펴볼 것이다. 2.에서는 치매 환자의 기능 수준을 나타내 치매의 진단에서도 중요한 일상생활능력(activities of daily living, ADL) 개념을 통해 중등도 이상의 치매 환자가 자기 돌봄(self-care) 수행조차 어려운 존재임을 재가 돌봄의 당사자가 수용하고 지속적으로 상기해야 함을 고찰할 것이다. 3.에서는 아브라함 H. 매슬로(Abraham H. Maslow, 1908-1970)가 주장한 욕구의 위계(hierarchy of needs)를 통해 재가 돌봄의 당사자가 기본적 욕구(basic needs) 중, 안전 욕구(safety needs) 충족의 어려움에 노출될 수 있음을 논의할 것이다.

2. 중등도 이상 치매 환자의 ADL 저하와 소실

글의 서두에서 이미 언급한 「치매관리법」 제2조(정의)의 1호에 의거할 때, 치매 환자는 퇴행성 뇌질환 또는 뇌혈관계 질환 등으로 인하여 기억력, 언어능력, 지남력, 판단력 및 수행능력 등의 기능이 저하됨으로써 일상생활에서 지장을 초래하는 후천적인 다발성 장애를 지닌 사람이다. 이러한 정의를 매우 현실적인 측면에서 말한다면, 치매 환자는 일상생활이 힘들 정도의 후천적인 여러 장애를 지닌 사람이다. 이와 같이 말하는 특별한 이유는 '일상생활'의 개념이 치매 환자의 자기 돌봄 수행능력의 정도를 평가하는 중요한 역할을 맡고 있기 때문이다. 특히 치매로 진단되기 위해서는 인지기능 저하와 더불어 일상생활능력의 저하가 함께 동반되어야 하고, 경도인지장애의 진단 기준에는 인지기능이 저하되어 있으나 일상생활능력에는 장애가 없어야 한다는 항목이 있어 임상 영역에서도 매우 중요한 평가 영역이다.[5]

우리는 하루하루를 산다. 그 하루하루는 매우 평범하고 때로는 습관적이어서 날마다 행하는, 다시 말해 일상적으로 행하는 것들로 가득하다. 또한 그것들은 특별한 경우가 아니라면, 대부분 혼자서 스스로 행하는 것들이다. 잠이 덜 깬 이른 아침에 요의나 변의 같은 배설의 신호가 왔을 때, 상황에 따라 잠시 참기도 하고 바로 화장실로 가서 용변을 가리기도 하며, 등교나 출근 등 외출을 위해 세수와 샤워, 식사를 하고 옷을 갈아입은 후 집을 나서 걷거나 계단을 오르내리기도 한다. 특별한 의식적 노력을 통해 행하지 않기에, 마치 기계적으로 행한다는 착각까지 불러일으킬 수 있는 기본적이고 신체적인 기능을 의미하는 이러한 일들이 쌓아 올려져서 우리의 하루가 채워진다. 이에 그것들을 할 수 있는 능력을 기본적 일상생활능력(basic activities of daily living, basic-ADL, B-ADL)이라 칭하거나 자기 몸, 특히 자기 신체 관리(self-care) 능력을 전제로 하기에 신체적 일상생

---

5   오은아·강연욱·박재설 외 2인, 「치매 심각도에 따른 뇌졸중 환자의 도구적 일상생활능력 변화와 인지기능과의 관계」, 『Dementia and Neurocognitive Disorders』 6-2, 2007, 42쪽 참조.

활능력(physical activities of daily living, physical ADL, P-ADL)이라 칭한다. 이 외에도, 우리는 좀 더 복잡한 인지능력을 요구하는 일들도 날마다 행한다. 전화를 사용하고, 물건을 구입하며, 음식을 만들고, 돈이나 재산을 관리하며, 가정을 돌보고, 교통수단을 이용하거나 길을 찾으며, 취미 생활을 하고, 약을 복용하며, 신문을 읽고, 세탁을 하며, TV를 보는 등의 여가 생활을 비롯하여 탐구적·창의적 활동, 상황대응수준 등의 기본적 일상생활능력에 비해 복잡한 기능을 포함하는 일들도 행한다. 이러한 일들은 사회생활에 필요한 기술과 행위들이다. 이에 치매 환자의 사회-직업적 기능 수행 정도를 평가하는 데 도움이 되는, 그것들을 할 수 있는 능력을 도구적[6] 일상생활능력(instrumental-ADL, I-ADL, IADL)이라 칭한다.[7]

65세 이상의 노인 또는 65세 미만의 자로서 치매·뇌혈관성 질환 등 노인성 질병[8]을 가진 자 중 6개월 이상 혼자서 일상생활을 수행하기 어렵다

---

6 '수단적' 용어도 혼용되나, 의미상 차이는 없다.
7 양영순·양현덕·홍윤정 외 5인, 「일상생활능력과 치매」, 『Dementia and Neurocognitive Disorders』 11-2, 2012, 29쪽 참조.
8 노인장기요양보험법 시행령 [별표 1] 〈개정 2022. 12. 20.〉 노인성 질병의 종류(제2조 관련)에 따르면, 한국표준질병·사인분류상 질병명과 질병코드는 다음과 같다.
　· 알츠하이머병에서의 치매(F00*)
　· 혈관성 치매(F01)
　· 달리 분류된 기타 질환에서의 치매(F02*)
　· 상세불명의 치매(F03)
　· 알츠하이머병(G30)
　· 지주막하출혈(I60)
　· 뇌내출혈(I61)
　· 기타 비외상성 두개내출혈(I62)
　· 뇌경색증(I63)
　· 출혈 또는 경색증으로 명시되지 않은 뇌졸중(I64)

고 인정되는 자를 그 수급대상자로 하고 있는 장기요양보험제도에서도 심신 상태를 나타내는 6개 영역을 75개 항목으로 세분하여 판단 기준 및 척도에 따라 조사하는데,[9] 여기서도 신체기능 영역과 사회생활기능 영역이 각각 B-ADL과 I-ADL에 해당한다.

장기요양인정조사에서 방문조사를 통해 확인하는 신체기능과 사회생활기능 두 영역의 기능 자립 정도(완전 자립, 부분 도움, 완전 도움)는 노인성 질병을 가진 이가 일상생활능력을 대표하는 다음과 같은 항목을 독립적

- 뇌경색증을 유발하지 않은 뇌전동맥의 폐쇄 및 협착(I65)
- 뇌경색증을 유발하지 않은 대뇌동맥의 폐쇄 및 협착(I66)
- 기타 뇌혈관질환(I67)
- 달리 분류된 질환에서의 뇌혈관장애(I68*)
- 뇌혈관질환의 후유증(I69)
- 파킨슨병(G20)
- 이차성 파킨슨증(G21)
- 달리 분류된 질환에서의 파킨슨증(G22*)
- 기저핵의 기타 퇴행성 질환(G23)
- 중풍후유증(U23.4)
- 진전(震顫)(R25.1)
- 척수성 근위축 및 관련 증후군(G12)
- 달리 분류된 질환에서의 일차적으로 중추신경계통에 영향을 주는 계통성 위축(G13*)
- 다발경화증(G35)

9   노인장기요양보험법 시행규칙 [별지 제5호서식] 〈개정 2020. 9. 29.〉 장기요양인정조사 표에 따르면, 각 영역과 그 항목의 숫자 그리고 판단 기준 및 척도는 다음과 같다.
- 신체기능(기본적 일상생활 기능) 영역(13개 항목/기능 자립 정도)
- 사회생활기능(수단적 일상생활 기능) 영역(10개 항목/기능 자립 정도)
- 인지기능 영역(10개 항목/증상 여부)
- 행동변화 영역(22개 항목/증상 여부)
- 간호처치 영역(10개 항목/증상 유무)
- 재활 영역(10개 항목/운동장애 정도 및 관절제한 정도)

으로 수행할 수 있는가이다.

〈신체기능 영역〉

① 옷 벗고 입기

② 세수하기

③ 양치질하기

④ 목욕하기

⑤ 식사하기

⑥ 체위 변경하기

⑦ 일어나 앉기

⑧ 옮겨 앉기

⑨ 방 밖으로 나오기

⑩ 화장실 사용하기

⑪ 대변 조절하기

⑫ 소변 조절하기

⑬ 머리 감기

〈사회생활기능 영역〉

① 집안일 하기

② 식사 준비하기

③ 빨래하기

④ 금전 관리

⑤ 물건 사기

⑥ 전화 사용하기

⑦ 교통수단 이용하기

⑧ 근거리 외출하기

⑨ 몸 단장하기

⑩ 약 챙겨 먹기

위의 신체기능 영역 13개 항목과 사회생활기능 영역 10개 항목을 볼 때, 전자는 후자에 비해 기본적이라는 특성을 분명하게 드러내고 있다. 그럼에도 신체기능 영역에서 ⑥ 체위 변경하기, ⑦ 일어나 앉기, ⑧ 옮겨 앉기, ⑨ 방 밖으로 나오기는 거동 불편과 거동 불가를 포함하여 좀 더 기본적 기능이라는 인상을 준다. 그렇다면 중증 치매 환자 가운데, 거동이 불가능한 경우가 일반적인가? 당연히 그렇지 않다. 장기요양인정조사에서 확인하는 신체기능 영역은 위의 항목들과 함께 일상생활 자립도를 장애 노인(와상도)과 치매 노인(인지증)으로 구분되어 있다. 이는 장기요양보험제도에서 수급대상자로 하고 있는 이의 노인성 질병에 치매와 함께 거동 불편과 거동 불가를 초래하는 뇌혈관성 질환 등을 포함시키고 있기 때문에, 준 와상이나 완전 와상 상태에 대한 평가가 포함된 것이다.[10]

ADL은 치매의 중요한 임상 증상인 인지기능 장애와 유의한 상관관계

---

10 뇌혈관성 질환 외에도, 달리 분류된 기타 질환에서의 치매(Dementia in other diseases classified elsewhere, F02*) 중 하나에 속하는 파킨슨병에서의 치매(Dementia in Parkinson's disease, F02.3*) 또한 고려할 수 있다. 신경계통의 질환(Diseases of the nervous system)인 파킨슨병(Parkinson's diseas)의 환자는 추체외로 및 운동장애(Extrapyramidal and movement disorders)로 인해 골절상을 당해 준 와상 상태나 완전 와상 상태에 놓일 수 있다.

가 있다. 메타분석연구에 의하면, 인지기능은 약 21%의 ADL 장애를 설명할 수 있다고 한다. 또한 퇴행성 치매에서 신체적 ADL은 비교적 말기까지 유지되나, 도구적 ADL은 치매의 초기 단계부터 감퇴한다고 알려져 있어, 초기 치매 환자의 진단에 도구적 ADL의 평가를 활용할 수 있다.[11]

치매는 신경퇴행성 질환으로서 천천히 그러나 반드시 진행한다는 특징을 보인다. 따라서 거의 모든 환자가 중증 단계의 치매에 이르게 되며, 점차적으로 기능적인 소실을 경험하게 된다. 실제로 캐나다에서 이루어진 한 연구에 따르면, 전체 치매 환자 중 약 54%가 중등도 또는 중증에 해당된다고 한다.[12]

기능적 자율성(functional autonomy)이 저하되어 소실된다는 점이 중증 치매의 가장 큰 특성이라고 할 수 있다. 환자들은 점차 혼자서 일상생활을 유지할 수 있는 기능이 소실되어 옷 입기, 목욕하기, 화장실 사용하기, 식사하기 그리고 걷기/이동하기와 같은 신체적 ADL을 스스로 수행하기 어려워지고 이는 중증 치매 단계에 이르렀음을 알 수 있는 지표가 된다.[13]

중등도 이상 치매 환자의 ADL 저하와 소실이 재가 돌봄의 당사자인 보호자의 부담(caregiver burden)을 신체적·정신적 측면 모두에서 가중시킬 것임은 명약관화하다. 보호자는 한 사람의 신체와 정신을 지닌 채, 두 사람 몫의 기능을 발휘해야 하기 때문이다.

ADL 저하 중에서 특히 대소변 가리기, 화장실 이용하기, 혼자 식사하기

---

11 양영순·양현덕·홍윤정 외 5인, 같은 논문, 30쪽 참조.
12 양영순·양현덕·홍윤정 외 5인, 같은 논문, 32쪽.
13 양영순·양현덕·홍윤정 외 5인, 같은 논문, 33쪽.

등이 보호자의 부담을 가중시키는 중요한 요인으로 알려져 있다.[14] 게다가 식사하기가 가능하다 할지라도, 대상의 파악과 판별 등 인식 능력 자체가 어려워질 경우, 젓가락을 사용해서 먹던 음식을 숟가락으로 떠먹으려 하거나 식사 공간 내 먹을거리가 아닌 것을 섭취하려고까지 한다. 이러한 행동은 자연스럽게 식사 시간 동안 음식물을 흘리고 의복에 묻힐 뿐만 아니라, 구강 내나 식도 등에 상처를 입힐 위험도 있다. 그 때문에 보호자가 환자의 식사 행위 자체에 깊이 개입하거나 식사가 끝나기까지 한시도 눈을 뗄 수 없는 상황이 벌어진다. 특히 음식물을 입안에 적절하게 넣지 못하는 경우, 위생을 고려하여 환자의 환복이나 목욕이 수반되어야 한다. 따라서 어떤 항목의 ADL은 다른 항목들과 연관되어 보호자의 부담이 가중된다.

또한 재가 돌봄에서 ADL 저하와 소실이 일어난 환자의 보호자가 1인에 불과한가 2인 이상인가에 따라 부담도는 크게 다를 것이며, 2인 이상의 경우라도 생업에 종사하지 않는 자들로 구성되어 있는가 아닌가에 따라 그 부담도는 다를 수밖에 없다. 이런 맥락에서 치매 환자의 돌봄을 수행하는 보호자의 역할 수행으로 인해 발생하는 심리적 스트레스 등의 주관적 반응을 평가하는 부양부담(care burden)을 좀 더 객관적으로 평가하기 위해 돌봄을 위해 할애하는 시간을 측정하는 방법이 시도되고 있다.[15]

치매 환자의 중증 단계로의 이행은 물론이고, 이에 동반하는 ADL 저하와 소실은 피할 수 없는 일이다. 중등도 이상 치매 환자는 기능적 자율성

---

14 양영순 · 양현덕 · 홍윤정 외 5인, 같은 논문, 30쪽.
15 양영순 · 양현덕 · 홍윤정 외 5인, 같은 논문, 34쪽 참조.

이 저하되어 소실되며, 좁은 의미에서는 자기 신체 관리, 넓은 의미에서는 자기 돌봄으로서의 self-care 능력을 상실해 간다. 혼자서 수행할 수 있는 능력을 상실해 간다는 말은 보호자의 도움 없이는 살아갈 수 없는 존재로 변화해 간다는 의미이다. 재가 돌봄의 당사자는 바로 이 점을 수용하고 지속적으로 상기해야 한다. 수용한다는 것은 치매가 퇴행성·진행성 뇌질환이며, ADL의 저하와 소실은 피할 수 없음을 온전히 이해한다는 것이다. 그리고 그 이해는 지속적으로 상기되어야 한다. 중등도 이상 치매 환자가 보이는 모습을 피할 수 없는 일이 일어난 것이라고 받아들일 때, 그것이 사태의 책임을 중증 치매 환자의 탓으로 돌리거나 자신의 운명을 한탄하는 늪으로부터 빠져나올 실마리가 되어 지적 돌봄(intellectual care)을 이어 나갈 수 있을 것이기 때문이다.

3. 재가 돌봄 보호자의 안전 욕구 충족의 어려움

욕구 위계(hierarchy of needs)는 인본주의 심리학(Humanistic psychology)의 대표자로 평가되는 아브라함 매슬로(Abraham H. Maslow, 1908-1970)가 1943년 『심리학 리뷰(Psychological Review)』 저널에 발표한 논문 「인간의 동기 이론(A Theory of Human Motivation)」에서 주장하였다. 그는 인간의 기본적 욕구(basic needs), 즉 생리적 욕구(physiological needs), 안전 욕구(safety needs), 사랑 욕구(love needs), 존중 욕구(esteem needs), 자기실현 욕구(self-actualization needs)가 위계를 지니고 있으며 수준 낮은 욕구가 잘 충족되면, 다른 그리고 더 높은 욕구가 출현하고 그 충족을 위해 동기

화된다고 이해하였다.[16] 다만 수준 낮은 욕구의 충족은 결핍이 없을 때까지 충족되어야 한다. 또한 그는 1962년 출판한 『존재의 심리학을 향하여(Toward a Psychology of Being)』에서 "안전(safety), 소속(belongingness), 애정관계(love relations)와 존경(respect)을 위한 욕구는 다른 사람들에 의해서만, 예를 들어 개인 외부로부터만 충족될 수 있다."고 하였다.[17] 이처럼 매슬로의 욕구 위계 주장에 따르면, 안전 욕구는 생리적 욕구가 잘 충족되면, 출현하는 더 높은 욕구이자 개인 외부로부터만 충족될 수 있다.

가족 구성원 가운데 누군가가 치매 초기 진단을 받았다고 해서 그 즉시 장기요양보험제도에 의한 요양급여를 제공받고자 장기요양인정신청을 하고, 방문조사 및 등급판정을 거쳐 장기요양인정서 수령 후에 장기요양기관과 이용 계약을 맺는 경우는 매우 드물 것으로 생각된다. 이러한 사정에는 효를 중시하는 전통과 맞물려 요양 시설에 대한 부정적 정서 등 여러 요인이 있을 수 있다. 그러나 치매에 대한 두려움과 공포가 일반에 널리 퍼져 있음에도, 고통이나 희생을 분담하더라도 남보다는 가족이 좀 더 나

---

16 매슬로에 따르면, 낮은 단계의 우세 욕구 충족 후 더 높은 새로운 욕구가 출현한다고 할 때, 낮은 단계의 욕구가 100% 충족된 후 새로운 욕구가 갑작스럽게 도약적으로 출현한다는 의미가 아니며, 일반적으로 사람들은 여러 단계의 기본 욕구들을 부분적으로 충족시키고 있다. 이에 그는 "설명을 위해 임의의 숫자를 할당할 수 있다면, 일반 시민은 생리적 욕구 85%, 안전 욕구 70%, 사랑 욕구 50%, 자기 존중 욕구 40%, 그리고 자기실현 욕구 10% 정도를 충족하고 있다. 우세 욕구가 충족된 후 새로운 욕구가 출현한다는 개념에서, 이 출현은 돌연하고 도약적인 현상이 아니라 무로부터 느린 정도의 점진적 출현이다. 예를 들어, 우세 욕구 A가 10%만 충족될 때, 욕구 B는 전혀 눈에 띄지 않을 수 있다. 그러나 이 욕구 A가 25% 충족될 때, 욕구 B는 5% 출현할 수 있고, 욕구 A가 75% 충족될 때, 욕구 B가 50% 출현할 수 있는 것 등이다."라고 강조한다. Abraham H. Maslow, *Motivation and Personality(3rd Ed.)*, Longman, 1987, 54쪽.
17 Abraham H. Maslow, *Toward a Psychology of Being*, Martino Publishing, 2011, 31쪽.

은 돌봄을 수행할 수 있으리라는 판단이 가장 중요하게 작용할 것이다.

물론 치매 환자 이외의 돌봄 제공자들이 경제적 사정 등을 이유로 생업에 종사할 수밖에 없는 경우, 일반적으로는 장기요양기관의 주간보호센터 이용 계약을 맺을 것이다. 그러나 이 또한 이용 시간 외에는 가정에서 보호자들에 의해 돌봄이 이루어지므로 재가 돌봄에 속한다.

현실적으로 보호자들이 장기요양보험제도에 의한 요양급여의 제공을 고려하는 시점은 재가 돌봄이 상당 기간 수행되다가 중등도 이상 치매 환자의 신체기능, 사회생활기능, 인지기능 저하나 소실이라는 장애와 더불어 행동증상에 의해 부양부담이 가중될 때이다.

미국의 간호사 앤 콜라노브스키(Ann M. Kolanowski)는 1995년『정신간호 아카이브(Archives of Psychiatric Nursing)』저널에 게재한 논문「치매 노인의 문제행동: 개념 종합(Disturbing behaviors in demented elders: A concept synthesis)」에서 요양원의 치매 환자 586명을 대상으로 나타나는 문제들을 조사하여 기존 문헌의 행동증상들과 비교함으로써 치매 노인의 문제행동을 5개 행동군으로 분류하고 다음과 같이 정의하였다.

① 공격적 정신운동행동(Aggressive Psychomotor Behavior): 다른 사람에게 해를 끼치거나 혐오감을 주는 행동(실제적인 신체적 공격, 때리기, 차기, 밀기, 할퀴기, 폭행)

② 비공격적 정신운동행동(Nonaggressive Psychomotor Behavior): 다른 사람에게 뚜렷하게 나쁜 영향을 주지 않지만 반복하는 특성으로 관심을 끄는 행동(초조한 행동, 왔다 갔다 하기, 배회하기)

③ 언어적 공격행동(Verbally Aggressive Behavior): 다른 사람에게 혐오감을

주는 말이나 목소리(강요하기, 분열시키는, 속임수의, 소리 지르기, 불평하기, 부정하기)

④ 수동적 행동(Passive Behavior): 무감동으로 인한 움직임의 감소와 환경과의 상호작용 감소 등의 행동(활동의 감소, 흥미 소실, 무감동, 퇴행)

⑤ 기능장애행동(Functionally Impaired Behavior): 자기간호수행능력의 소실로 인한 행동을 말하며 불쾌감과 부담감을 줄 수 있다[식물 같은 행동(vegetative Behaviors), 실금, 개인위생 불량][18]

콜라노브스키의 연구는 많은 수의 치매 노인을 대상으로 문제행동을 포괄적으로 포함하여 분류해서 문제행동(disturbing behaviors)이라는 종합적 개념을 도출한 장점이 있으나, 단체로 규칙적 활동의 제약이 이루어질 수밖에 없는 요양원의 치매 환자들만으로 모집단을 구성하였기에, 재가 돌봄의 상황에서 다루기에는 부족한 면이 있다.

행동증상은 행동심리증상(behavioral and psychological symptoms of dementia, BPSD)으로 구체화되었다. 크게 이상행동과 정신 증상으로 나눌 수 있으며, 전자는 공격성, 배회, 초조, 좌불안석, 부적절한 성적 행동, 보호자 좋아다니기, 소리 지르기, 악담, 불면증, 과식증 등이 있고, 후자는 불안, 우울, 환각, 망상 등이 있다.[19]

---

18   강영실, 「재가 치매 노인의 문제행동에 관한 연구」, 『지역사회간호학회지』 11-2, 2000, 456쪽.

19   유봉구 · 김응규 · 김재우 외 9인, 「노인 치매 환자의 행동심리 증상과 부양부담과의 관계」, 『Dementia and Neurocognitive Disorders』 7-1, 2008, 1-2쪽 참조.

장기요양인정조사에서는 신청인인 치매 환자의 행동심리증상을 행동변화 영역의 22개 항목을 통해 최근 한 달간의 상황을 종합하여 증상의 여부를 확인한다. 그 구체적 항목은 다음과 같다.

① 다른 사람들이 무엇을 훔쳤다고 믿거나 자기를 해하려 한다고 잘못 믿고 있다.

② 헛것을 보거나 환청을 듣는다.

③ 슬퍼 보이거나 기분이 처져 있으며 때로 울기도 한다.

④ 밤에 자다가 일어나 주위 사람을 깨우거나 아침에 너무 일찍 일어난다. 또는 낮에는 지나치게 잠을 자고 밤에는 잠을 이루지 못한다.

⑤ 주위 사람이 도와주려 할 때 도와주는 것에 저항한다.

⑥ 한군데 가만히 있지 못하고 서성거리거나 왔다 갔다 하며 안절부절못한다.

⑦ 길을 잃거나 헤맨 적이 있다. 외출하면 집이나 병원, 시설로 혼자 들어올 수 없다.

⑧ 화를 내며 폭언이나 폭행을 하는 등 위협적인 행동을 보인다.

⑨ 혼자서 밖으로 나가려고 해서 눈을 뗄 수가 없다.

⑩ 물건을 망가뜨리거나 부순다.

⑪ 의미 없거나 부적절한 행동을 자주 보인다.

⑫ 돈이나 물건을 장롱같이 찾기 어려운 곳에 감춘다.

⑬ 옷을 부적절하게 입는다.

⑭ 대소변을 벽이나 옷에 바르는 등의 행위를 한다.

⑮ 가스불이나 담뱃불, 연탄불과 같은 화기를 관리할 수 없다.

⑯ 혼자 있는 것을 두려워하여 누군가 옆에 있어야 한다.

⑰ 이유 없이 크게 소리치고 고함을 친다.

⑱ 공공장소에서 부적절한 성적 행동을 한다.

⑲ 음식이 아닌 물건 등을 먹는다.

⑳ 쓸데없이 간섭하거나 참견한다.

㉑ 식습관 및 식욕 변화를 보이거나 이유 없이 식사를 거부한다.

㉒ 귀찮을 정도로 붙어서 따라다닌다.

   헛것을 생생하게 보는 환시와 환청 등의 행동심리증상은 일견 심각해 보이지만, 중증 치매 증상에 대한 지식을 일정 정도 갖춘 보호자들의 설명만으로 가볍게 넘어가는 일들이다. 그러나 ①, ⑤, ⑧, ⑩, ⑳, ㉒와 같은 항목은 그 자체로 보호자에게 위협이 되거나 상호 연쇄하여 위협이 될 가능성이 높다는 점에서 가볍게 넘길 수 없다.

   중등도 이상의 단계에 접어들어 ADL과 인지기능의 저하나 소실과 함께 행동심리증상을 보이는 부모나 남편 혹은 아내를 가정에서 돌볼 때, 보호자들의 안전 욕구는 결코 충족될 수 없다. 안전한 공간이었던 가정은 신체적·정신적 위협이 실제로 일어나거나 그 가능성이 상존하는 장으로 탈바꿈한다. 보호자는 이전에 안전 욕구의 충족을 통해 출현시켰던 사랑 욕구와 존중 욕구, 더 나아가 자기실현 욕구 단계로부터 행동을 결정하는 동기화가 다시 안전 욕구의 단계로 끌어내려진다. 안전 욕구의 단계로 전락한 보호자는 자신들 외부로부터만 그 욕구를 충족시킬 수 있으나, 치매 환자가 같은 가정에 머무는 상황에서는 이 또한 불가능하다. 재가 돌봄의 보호자들이 더는 물러설 수 없는 곳에 내몰리는 상황은 가족의 시설 입소

를 결단하는 결정적 요인이다.[20]

4. 결론

중등도 이상 치매 환자를 가정에서 돌보는 경우의 어려움에 대해 살펴본 이 글에서 논의한 내용을 정리하면 다음과 같다.

현재까지 치료제가 없는 치매는 퇴행성·진행성 뇌질환으로 거의 모든 환자가 중증 단계의 치매에 이르며, 점차적으로 기본적 일상생활능력(B-ADL)과 도구적 일상생활능력(I-ADL)의 저하나 소실을 겪는다.

치매 환자가 자기 신체 관리를 넘어 자기 돌봄으로서의 self-care 능력을 상실함으로써 보호자의 도움 없이는 살아갈 수 없는 존재로 변화해 갈 수밖에 없음을 재가 돌봄을 수행하는 보호자는 온전히 이해하고 지속적으로 상기해야 한다.

매슬로의 욕구 위계 주장에 따르면, 안전 욕구는 생리적 욕구가 잘 충족되면 출현하는 더 높은 욕구이자 개인 외부로부터만 충족될 수 있다.

---

20   왜 중등도 이상 치매 환자의 행동심리증상과 관련하여서는 ADL 저하나 소실에 대해 서처럼 재가 돌봄의 보호자가 수용하고 지속적으로 상기해야 한다고 주장할 수 없을까? 더 나아가 왜 그것은 시설 입소 결단의 결정적 요인이 되어야만 할까? 중등도 이상 치매 환자는 신체기능이나 사회생활 영역이든 혹은 인지기능 영역이든 행동변화 영역이든, 보호자의 도움 없이 살아갈 수 없는 존재임은 동일하다. 그러나 '할 수 없음으로부터 유발되는 부양부담'과 '해서는 안 될 행동을 해서 유발되는 부양부담'이라는 근본적 차이는 도덕판단 능력의 유무를 떠나 현실적으로 쉽게 간과할 수 없다.

중등도 이상 치매 환자의 신체기능, 사회생활기능, 인지기능 저하나 소실이라는 장애와 더불어 행동심리증상에 의해 부양부담은 가중된다. 또한 행동심리증상 가운데 어떤 것들은 그 자체로 보호자에게 위협이 되거나 상호 연쇄하여 위협이 될 가능성이 높다.

보호자는 이전에 안전 욕구의 충족을 통해 출현시켰던 사랑 욕구와 존중 욕구, 더 나아가 자기실현 욕구 단계로부터 행동을 결정하는 동기화가 다시 안전 욕구의 단계로 끌어내려진다.

치매 환자와 함께 거주하는 한, 안전 욕구를 충족시킬 수 없는 재가 돌봄의 보호자들이 가족의 시설 입소를 결단하는 결정적 요인이 바로 문제행동인 치매 환자의 행동심리증상이다.

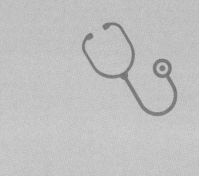

2부
마음을 다스리는
인문학적 치유

대화를 통한 마음 다스림과 치유의 가능성*

—근대 초기 소설을 중심으로

박성호

경희대학교 인문학연구원 HK+통합의료인문학연구단 HK연구교수

* 이 글은 「근대 초기 소설에 나타난 기독교와 치유의 문제-「몽조」와 「인생의 한」을 중심으로」(『우리어문연구』 66, 2020.10.)를 바탕으로 수정·보완한 것이다.

1. 서론

정신 질환은 20세기 초 소설에서도 드물지 않게 등장한다. 특히 화병(火病)은 근대 초기 소설에서 작중인물이 처한 고난의 깊이를 표상하는 질병임과 동시에, 이러한 고통에도 불구하고 자신의 뜻을 관철하는 작중인물의 선성(善性)을 상징하는 질병으로서도 제시되고는 했다.

다만 이러한 근대 초기 소설의 정신 질환은 대체로 적절한 치료의 과정을 거치지 못한다는 점을 감안해야겠다. 작중인물의 정신 질환에 대해서는 아무런 의료적 처치도 이루어지지 않거나, 혹은 시도되더라도 무위로 그치는 것이 일반적이다. 이들의 정신 질환이 치유되는 것은 작중 갈등이 모두 해소되고 그가 관철하던 뜻이 성사되는 순간으로, 그 직전까지는 제대로 된 치료나 돌봄을 받지 못한 채 끊임없이 고통받는 모습으로만 묘사된다. 그리하여 작중인물의 치유는 극적인 형태로 이루어지며, 그 묘사 또한 매우 짧막하다. '첩첩한 구름 속에 묻혔던 밝은 달 나오듯이 본정신이 돌아오더라'[1]는『은세계』의 서술이 그 대표격이라고 하겠다.

---

1   이인직,「은세계」,『한국신소설전집』 1, 을유문화사, 1968, 465면.

하지만 이런 일반적인 경향과는 달리 작중인물의 심화를 효과적으로 다스리고 본격적인 발병에 이르지 않도록 하는 묘사가 등장하는 소설도 일부 존재한다. 이러한 전개 방식은 일반적이지는 않으나, 근대 초기 정신 질환을 묘사하는 방식 중에서 새로운 유형을 제시한다는 점에서는 주목할 만한 가치가 있다. 특히 대화를 통해서 작중인물의 고통을 다스리고 그가 성광(成狂)하는 식의 극적인 연출 대신 스스로 치유의 가능성을 찾아 나가게 한다는 점에서는 의료와 돌봄의 관점에서도 시사하는 바가 적지 않다고 하겠다.

그런데 공교롭게도 이러한 소설은 보통 종교, 특히 기독교와 적잖은 관계를 맺고 있다. 근대 초기 문학과 기독교의 관계는 이미 여러 연구를 통해 분석된 바 있는데, 기독교를 근대 문학 배경 형성의 정신적 계기로 지목한 조신권의 연구[2] 이래로 김경완,[3] 이길연,[4] 김병학,[5] 김성영[6] 등 종교적 주제 의식에 따른 문학과 기독교 사이의 관계를 다룬 성과들이 대표적이다. 한편 최원식,[7] 권보드래,[8] 노연숙,[9] 조경덕[10] 등은 당대 담론과 기독교

---

2 조신권,『한국 문학과 기독교』, 연세대학교 출판부, 1983, 62면.
3 김경완,『한국소설의 기독교 수용과 문학적 표현』, 태학사, 2000.
4 이길연,「근대 기독교 문학의 전개와 변모양상」, 고려대 박사논문, 2001.
5 김병학,『한국 개화기 문학과 기독교』, 역락, 2004.
6 김성영,「개화기 기독교 문학의 사상 연구」, 고려대 박사논문, 2004.
7 최원식,「신소설과 기독교-『성산명경』과『경세종』을 중심으로」,『한국계몽주의문학사론』, 소명출판, 2002.
8 권보드래,「신소설에 나타난 기독교의 의미-〈금수회의록〉, 〈경세종〉을 중심으로」,『한국현대문학연구』6, 한국현대문학회, 1998.
9 노연숙,「《대한매일신보》에 나타난 기독교적 상상력」,『민족문학사연구』31, 민족문학사학회, 2006.
10 조경덕,「기독교 담론의 근대서사화 과정 연구」, 고려대 박사논문, 2010.

사이의 관계를 소설이나 기사, 논설, 단형 서사 등의 풍부한 자료를 통해 다루기도 했다.

이러한 기존의 연구는 대체로 기독교 담론이 문학 내에 반영되는 양상에 주목하는 경향이 강하다. 기독교가 지닌 종교로서의 담론이 문학을 통해 어떻게 형상화되는지를 탐구하거나, 기독교와 연접한 근대성 혹은 근대적 담론이 문학에 틈입한 양상을 세밀하게 분석해 내는데는 비교적 풍부한 성과가 축적된 상태라고 판단된다.

하지만 이러한 연구는 새로운 문물로서의 기독교가 어떠한 변화를 초래했는지의 문제에 주목한다는 점에서 다소의 한계가 있다. 즉 기독교는 서구 근대 문물의 도래와 함께 유입된 새로운 종교이며, 이는 근대 전환기라는 시기적 특수성과 더불어 당대의 소설이 변화한 양상과 접목되어 '기독교 문학'에 대한 연구를 가능케 했다는 것이다.[11] 이는 물론 기독교를 중심으로 한 근대 담론과 문학의 관계를 설명하는 데에는 많은 성과를 냈지만, 문학과 기독교의 관계를 사회의 급속한 변화라는 측면에만 고착시키는 문제점을 낳았다고 본다.

따라서 현 시점에서의 기독교와 문학에 대한 연구는 근대 전환기라는 시대적 특수성 속에서의 변화상으로부터 벗어나서 그 편폭을 확대할 필요가 있다. 기독교의 담론이나 근대 전환기의 제 문제에 주목하는 대신,

---

11 "근대 전환기 소설 연구에서 양식사에 대한 관심과 그에 관한 연구의 성과가 많은 이유는 그만큼 당시 소설 양식이 빠르게 진행되었던 사회 변화를 반영하여 다양한 변이의 양상을 보여주었기 때문이다. … 그런데 이들 연구 중, 당시 사회·문화적으로 중요한 위치를 점유했던 기독교와 그것이 소설에 미친 영향에 대한 관심과 연구는 매우 부족한 것으로 보인다." 조경덕, 앞의 글, 1-2면.

당대의 독자들에게 익숙한 서사 내에 기독교가 틈입함으로써 어떠한 변화를 낳았는지를 살펴보는 것도 하나의 방법일 것이다. 예컨대 가족의 이합집산과 그로 인한 여성 인물의 고난이라는 서사는 근대 초기 신소설에서 흔히 나타나는 바이지만, 이러한 서사에 기독교라는 요소가 개입함으로써 나타나는 변화의 폭에 대해서는 그간 별다른 주목을 받은 바가 없다. 특히 이 과정에서 여성 인물이 직면하는 광기(狂氣)의 문제가 기독교와의 접속 여부에 따라 어떻게 차이를 보이는지의 문제는 근대 초기 기독교와 문학 사이의 관계를 밝히는 데에도 중요한 시사점이 될 수 있을 것이다. 특히 광기에 노출되는 원인에 대한 직접적인 해결, 즉 원인 제공자에 대한 처벌이나 가족의 재회를 통해 광기를 해소하는 동시기의 다른 신소설과 달리, 기독교 소설에서는 종교를 통한 우회적인 방식으로 이를 해결하려 한다는 점에 주목할 필요가 있다.

그리하여 이 글에서는 기존 연구에서 많이 다루지 않은 두 작품, 「몽조」(1907)와 「인생의 한」(1912)을 비교함으로써 그간 기독교와 문학 사이의 관계를 다룬 연구에서 자주 거론되지 않은 기독교와 치유의 관계를 살펴보고자 한다. 특히 기독교를 전면에 내세우지 않은 다른 소설에서는 별다른 치유나 증상 완화의 계기를 보여주지 않는다는 점에서 종교를 바탕에 둔 작중인물의 고통 완화라는 요소는 당대의 문학이 정신 질환을 바라보는 또 다른 관점을 제시한다는 점에서 주목할 만한 가치가 있다고 하겠다.

다만 「몽조」와 「인생의 한」은 단편 또는 엽편 정도의 짧은 작품인데다가 양쪽 모두 완결되지 못하고 연재가 중단된 까닭에 연구 대상으로서는 그다지 많이 다루어지지 않았다는 점은 감안해야겠다. 하지만 공교롭게도 두 작품 모두 남편을 잃은 부인을 중심인물로 삼고 있다는 점, 그리고 이 중심인물이 기독교로 인하여 마음의 치유를 경험하게 된다는 내용이 작품의 중심을 이루고 있다는 점에서 비교할 만한 가치가 있다. 특히 이러한 유사성에도 불구하고 치유의 대상이 되는 '마음의 병'과 그것을 치유하는 기제로서의 '기독교'가 작용하는 방식은 상이하다는 점에서 이 두 작품의 비교 연구는 당대의 한국 사회와 기독교의 관계가 어떤 변천을 거쳤는지를 선명하게 보여준다고 하겠다.

2. 붕괴된 체제 속 작중인물의 불안과 울화(鬱火)

「몽조」는 1907년 8월 12일부터 《황성신문》에 24회에 걸쳐서 연재된 소설이다. 작자는 '반아'라는 필명으로 기록되어 있는데, 현재로서는 식민지기 당시 충남 및 전남 도지사를 지낸 석진형(石鎭衡, 1877-1946)일 가능성이 제시된 상태다.[12]

「몽조」는 정씨 부인의 이야기를 중심으로 구성된 소설로, 남편인 한대홍을 잃은 뒤 혼자서 아들 증남을 키우는 과정에서 경제적 어려움과 더

----

12 최원식은 당대 법학자였던 석진형이 '繁阿'라는 필명을 썼다는 점을 근거로 「몽조」의 작가로서 그를 지목하였으며, 임기현은 이러한 최원식의 논의를 바탕으로 석진형의 글 세 편을 발굴하여 「몽조」와 비교함으로써 이러한 추론에 더욱 힘을 실었다. 그러나 조경덕은 석진형의 다른 글과는 달리 「몽조」는 상당히 유려한 국문체로 되어 있다는 점을 지적하면서, 한주국종(漢主國從)의 문체에 익숙한 석진형이 과연 「몽조」와 같은 문체를 구사할 수 있었을지에 대한 근거가 아직 부족한 상태라고 논했다. 최원식, 앞의 책, 287면.; 임기현, 「반아 석진형의 〈몽조〉 연구-인물탐구를 중심으로」, 『현대소설연구』 39, 현대소설학회, 2008.; 조경덕, 앞의 글, 17면.

불어 깊은 근심과 불안을 겪는 것으로 서술된다. 하지만 마지막에 우연히 만난 전도마누라에 의해 기독교의 존재를 알게 되고, 전도마누라의 권유에 의해 그간의 불안과 근심이 씻은 듯이 해소되는 듯한 기분을 느끼게 되는 시점에서 연재가 중단되었다. 연재 중단의 사유는 정확하게 알 수 없으나, 이미 전도마누라의 말을 통하여 「몽조」가 전달하고자 한 핵심적인 담론이 대부분 제시된 점을 볼 때, 소설에서 전파하고자 하는 바를 이미 서술한 이상 이후의 내용을 부연할 이유가 없기에 자의적으로 중단한 듯하다.[13]

소설의 발단이 되는 남편 한대흥의 사인(死因)은 비교적 구체적으로 밝혀져 있다. 연재 2회분에서는 사형 집행을 앞둔 한대흥의 편지가 직접 제시되고, 3회분에서는 '역적이니 되역이니 ᄒᄂᆫ 되죄명'을 썼다고 서술된다. 정리하자면 한대흥은 외국 유학을 다녀와서 정치를 개량할 뜻을 품었으나, 이로 인하여 정변에 연루되어 사형당한 것으로 보인다.

한대흥의 죽음은 연재 1~3회분 이내에 짧게 정리된 까닭에 「몽조」에서 큰 비중을 차지하지는 않는다. 그보다는 한대흥 사후 정씨 부인의 행적이 더 큰 비중을 차지한다. 남편을 잃은 슬픔과 어린 자식에 대한 근심으로 인하여 정씨 부인은 불안과 무기력에 빠진다. 남편을 따라 죽고 싶어도 어린 자식을 키우기 위해서는 계속 살아야 한다는 딜레마 속에서 헤어 나

---

13 이런 방식은 비단 「몽조」만이 아니라 이인직의 「혈의 누」나 「은세계」를 비롯한 신소설, 그리고 동시대의 여러 단형 서사에서 자주 나타나는 형태다. 원래 「몽조」의 목적이 고난에 빠진 정씨 부인이 기독교를 통해 구원을 받게 되는 것을 보여주는 데 있던 이상, 전도마누라의 설교를 통해 정씨 부인이 감화되는 장면을 제시했다면 그 이후의 이야기는 군이 서술할 필요가 없었기 때문이다. 이에 대해서는 박성호, 「광무·융희연간 신문의 '사실'개념과 소설 위상의 상관성 연구」, 고려대 박사논문, 2014, 183면 참조.

올 수 없는 까닭이다.

> 어린 쑬과 자식이 압혜 잇서서 「압바 어듸 갓소」 「아버지 은제나 오시오」
> ᄒᆞᄂᆞ는 어린 아히덜의 말이 날과 밤마다 귀에 듯기 실코 가삼에 못박아 하로
> 도 열두시로 자처ᄒᆞ고 십고 물에라도 몸을 더져 이 세승을 바리고 십고 뒷
> 돌 석츅에라도 머리를 콰콰아 부듸처 죽고 십흔 싱각 살고 십지 아니ᄒᆞᆫ 몸
> 을 강이히 동작ᄒᆞ야 (3회)

정씨 부인의 고난은 남편의 죽음에서 끝나지 않는다. 원래부터 풍족하
지 않던 살림에 남편의 부재와 물가의 등귀로 인해 살림살이도 어려워지
고(7회), 남편의 생전에는 찾아오던 사람들조차 발길을 끊는다(8회). 비록
박 주사와 같은 조력자가 있기는 해도 실질적으로 큰 도움이 되지는 못한
다.[14] 추석이 가까워지자 아들을 데리고 한대흥의 산소를 찾아가지만, 이
것이 오히려 정씨 부인의 마음을 더욱 병들게 만드는 원인이 된다. 다만
'즁남이나 어서 잘아 ᄉᆞ름이 되기싯지 늬가 엇덧턴지 살아야지' 하는 심
정으로 하루를 보낼 따름이다.

정씨 부인의 근심과 불안이 극도에 달했을 때 등장하는 것이 바로 '전도
마누라'이다. 그는 정동 교당에서 나왔다면서 정씨 부인에게 회개와 속죄

14　박 주사는 한대흥의 친우로서 죽은 한대흥을 대신하여 그 아들 즁남이를 외국에 유학
시켜 '이십세긔의 세계뎍 인물'(15회)로 만들 포부를 품고 있으며, 정씨 부인에게 다소
간의 금액을 지원해 주기도 한다. 그러나 이러한 금전적 지원에도 불구하고 정씨 부인
의 가난은 크게 호전되지 못하며, 정씨 부인의 고난 역시 계속 점증되는 양상을 보이게
된다.

의 도리를 들려준다. 회개를 거쳐 믿음을 가짐으로써 근심을 떨쳐 낼 수 있다는 설득에 정씨 부인은 '쌔에 사못치고 가삼에 식겨 들녀'(23회) 자신의 죄 많음을 고백하고 회개에 대한 의지를 드러낸다. 「몽조」의 연재는 이 대목에서 중단되어 있다.

「인생의 한」은 1912년 4월에 발행된 재동경조선유학생친목회 회보인 『학계보』에 수록된 단편이다. 원래는 연재로 실렸을 것으로 추정되나, 『학계보』가 통권 1호만 나온 관계로 미완으로 끝을 맺었다.[15]

「인생의 한」에 대해서는 별도의 연구사가 존재하지 않는다. 『학계보』의 간행 중지로 인하여 미완으로 끝맺었으려니와, 연재된 분량도 비교적 소략한 까닭에 문학 텍스트로서는 주목을 받기 어려웠던 까닭일 것으로 추정된다. 『학계보』 자체에 대한 연구조차도 영성하다는 점 또한 한몫했을 것이다.

저자는 '김녀사(金女史)'로 표기되어 있으며, 누구인지는 정확하게 알 수 없다. 1912년 당시 동경여자학원에 재학 중이었으며 훗날 『여자계』의 편집부장을 역임한 김덕성(金德成)이나, 혹은 동경여자학원 대학 본과에 재학 중이었으며 1915년에 친목회 회장을 역임한 김필례(金弼禮) 정도로 추정되지만,[16] 이를 뒷받침할 만한 여타의 증거가 없으므로 실상을 확인하

---

15 『학계보』는 1호 발간 후 '감독부의 방지(防止)'로 속간되지 못하였다. 이후 1913년 조선유학생학우회가 결성되면서 『학지광』 3호부터 학우회의 기관지가 되었다. 구장률, 「『학지광』, 한국 근대 지식 패러다임의 역사」, 『근대서지』 2, 근대서지학회, 2010.12., 123면.

16 박정애, 「1910-1920년대 초반 여자일본유학생 목록」, 『여성문학연구』 3, 한국여성문학학회, 2000.4. 참조. 1912년 당시 일본 유학 중이던 여학생은 해당 자료의 명단 중에서는 상기 두 명뿐이다.

기는 어렵다.

「인생의 한」에서도 남편을 잃은 젊은 부인이 등장한다. 하지만 「몽조」와 달리 남편은 이미 죽은 상태이며, 그 사인(死因) 역시 명확하지 않다. 유서의 형태로나마 자신의 목소리를 직접 드러낸 「몽조」의 한대흥과 달리 「인생의 한」에서는 이름조차도 등장하지 않는다. 다만 "마음이, 상흐고, 마음이 죽으신 까닭으로, 그 튼々흔 이가 이 세상을 속키 떠나셧다."는 서술을 보건대 일종의 심병(心病)으로 인해 사망에 이르렀으리라는 추정은 가능하다.

외부 세계와의 갈등이 작중인물로 하여금 정신 질환을 일으키고, 이로 인하여 죽음에까지 이르게 된다는 설정은 「인생의 한」이 게재된 1910년대 무렵에는 흔히 제시된 것이기도 하다. 예컨대 현상윤의 「핍박」이나 「박명」과 같은 소설에서 등장하는 일본 유학생들은 자신의 학업 성과를 제대로 활용해 볼 기회도 얻지 못한 채 병들어 죽고는 한다.[17] 최승만의 희곡 「황혼(黃昏)」에서도 작중 부모와 갈등을 겪으면서 자신의 뜻을 펴지 못한 김인성이 신경쇠약에 이르게 되는데, 의사는 그의 증상을 가벼운 것이라고 진단하지만 정작 김인성 자신은 위중한 상태임을 강조하면서 자결하기에 이른다. 김인성이 "우리 아버지 어머니가… 아니, 우리 사회(社會)가!"[18] 하면서 자신의 발병 원인을 지목한 점은 이러한 경향을 대표하는 사례라고 하겠다.

다만 「인생의 한」에서는 이처럼 정신 질환을 앓는 중심인물을 전면에

17   최윤정, 「현상윤 소설 연구」, 『비교한국학』 24-3, 국제비교한국학회, 2016.12, 391면.
18   極熊, 「黃昏」, 『창조』 1, 1912.2, 17면.

내세운 것이 아니라, 마음의 병으로 인해 이미 사망해 버린 남편의 유가
족을 드러냈다는 점에서 다소의 차이가 있다. 세상과 갈등을 일으킨 남편
의 병은 지나간 과거의 일환으로 간략하게만 서술될 뿐이고, 전면에 제시
되는 것은 남편을 잃은 데 대한 고통을 호소하는 '아씨'의 이야기다. 이 소
설은 '아씨'와 '할멈(老嫗)' 두 사람의 대화로 구성되는데, 아씨의 아이는 아
직 태어나지 않은 유복자고, 남편은 두 사람의 대화 속에서 거론되는 형
태로만 등장한다. 할멈은 삼대독자를 잃은 후 마음이 상하여 미친 사람이
되었으나, 이후 기독교에 귀의하여 마음의 안정을 찾은 사람으로 설명된
다.[19]

> 이찍에 우든 부인의 음성이 더욱 커져, 흑흑 닉끼면서, 무삼 여누다리를 ᄒ
> 는딩. 그 음성이 분명치 못ᄒᆞ야, 자셔히 드러도 무삼 말인지, 모르깃더라.
> 원리, 이 집안에는, 어린 ᄋᆞ기도 업고, 졀문이도 업고. 늘근이도 업고. 아무
> 사람 업시. 이 부인 혼자만 잇는고로. 부인이 젹막ᄒᆞ더릭도 말홀 사람이,
> 업슬 쑨더러 이와 갓치 우더릭도, 위로홀 사람이 업더라. (66면)

「인생의 한」에서 아씨가 처한 상황은 「몽조」의 정씨 부인과 흡사하다.
위로하는 할멈의 말에 "죽으면 죠치요! 살면 멀 하깃소!"(68면)라며 남편을

---

19 "이 할멈은, 그 근쳐에 사는 예수교인이라. 삼ᄃᆡ 독자를 죽어버리고, 마음이 상ᄒᆞ야
    밋친 사람이 되여. 믹일 통곡만 ᄒᆞ드니. 흔번, 예수교를 밋은 후로붓터, 세상에 모든
    근심과 걱정을 니져버리고, 흥상, 즐거워ᄒᆞ고 화평ᄒᆞ야, 우슴으로, 찬미를 부르며. 긔
    도를 올리며. 성경을 보며. 전도를 ᄒᆞ는딕", 金女史, 「인생의 한」, 『학계보』 1, 1912.4.,
    70면.

따라 죽고 싶은 마음을 드러내면서도, 정작 유복자로 인해 그러한 마음을 좇지도 못하는 딜레마에 빠져 있다. 이런 딜레마 속에서 아씨가 할 수 있는 일은 그저 '흑흑 늑끼'는 일 뿐이다. 「인생의 한」의 첫 장면에서부터 아씨는 '비갓튼 눈물이 써러지'는 모습을 보인다.

이런 아씨에게 할멈이 권하는 대안은 기독교로의 귀의다. 남편의 죽음은 마음의 병 때문이요, 만일 기독교에 대한 믿음이 있었다면 이러한 마음의 병을 잘 다스릴 수 있었으리라는 말로 아씨를 설득한다. 남편이 죽은 뒤 극도의 불안 상태에 놓여 있던 아씨는 기독교에 귀의하겠다는 의지를 직접적으로 밝히지는 않지만, 남편이 생전에 기독교를 믿었더라면 죽는 지경까지 이르지는 않았으리라고 한탄하며[20] 우회적으로 할멈의 말에 동조한다.

가정의 붕괴가 여성에게 주는 불안은 비단 「몽조」나 「인생의 한」에 국한되는 이야기는 아니다. 이인직의 「은세계」에서 최병도의 죽음 이후 실진(失眞)하는 본평댁이나, 「혈의누」 초반부에서 남편과 자식을 잃은 뒤로 헛것을 보거나 혼잣말을 하다가 자살 기도에까지 이르는 최씨 부인 역시 가정의 붕괴로 인해 불안한 상황에 놓이게 된 여성들이다. 당대의 현실에서 남성들과 달리 여성은 가정이라는 경계선이 무너질 때 극도의 정신적 불안에 직면할 수밖에 없었기에,[21] 가장을 잃은 여성 인물들은 하나같이

---

20   『서방님 씌서도, 예수를 밋어드면. 학문과 도덕이 겸비ᄒ셧슬 쭌더러. 낙심 실망이, 되지 안으시고, 도리혀, 즐겁고 화평ᄒ게, 되실 것을…』 …『서방님이 예수 약을 쓰셧드면 쭉 회싱ᄒ셧슬 것을…』 金女史, 「인생의 한」, 『학계보』 1, 1912, 69-70면.

21   서연주, 「신소설에 나타난 여성인물의 광기」, 『여성문학연구』 34, 한국여성문학회, 2015, 46-48면.

신경정신 질환의 범주 내에 놓이게 된다.

이들 여성 인물이 어떤 종류의 신경증 또는 정신 질환에 노출되었는지를 구체적으로 지목하기는 어렵다.[22] 근대 초기 소설에서 등장하는 병명은 오늘날은 물론 당대의 기준으로 보더라도 의학적 지식에 의해 엄밀하게 구분된 형태로 제시되지는 않았기 때문이다. 전통 한의학 체계의 병명과 민간 속칭의 병명, 개항 이후 유입된 서구식 병명 등이 혼용되는 일이 잦았고,[23] 경우에 따라서는 그조차도 명료하게 제시되지 않는 일도 적지 않았다. 하지만 이들은 대체로 공통적인 증상을 보인다는 점에서, 이러한 불안 상태에 노출된 여성들이 앓는 질환에 대한 문화적 공통 인식은 존재했다. 남편의 죽음으로 삶에 대한 의욕을 잃었으면서도 자녀에 대한 책임감 때문에 삶을 지속해야 하지만, 이러한 간극 사이에서 극도의 불안과 긴장으로 인해 신경쇠약의 양상을 보이게 되는 것이 그것이다.[24]

이는 비단 「몽조」와 「인생의 한」 두 작품에만 국한되는 것이 아니었다.

---

22 본문 중에서는 정씨 부인의 증상에 대한 별다른 병리학적 용어는 제시되지 않는다. 그러나 남편의 억울한 죽음으로 삶에 대한 의지를 상실하고 '죽고 싶흔 싱각'에 빠진다는 서술은 비슷한 시기 여러 신문에 나타난 신경쇠약 관련 기사의 서술과 유사하다. 예컨대 청의 광서제(光緖帝)는 서태후의 학대와 폭발탄 사건으로 인해 신경쇠약을 앓았다든가, 신경쇠약으로 인해 무기력증에 빠진 사람이 자살을 택했다든가 하는 기사가 그것이다.
　「西太后의 病狀」,《황성신문》, 1901.5.27.;「淸 先帝의 略史」,《대한매일신보》, 1908.11.20.;「袁 總統은 神經衰弱」,《매일신보》, 1916.6.3.;「短刀로 自殺코즈」,《매일신보》, 1917.5.23.

23 장근호·최규진,「신소설에 비친 개화기 의료의 모습」,『역사연구』 35, 역사학연구소, 2018.12, 117-118면.

24 박성호,「신소설 속 여성인물의 정신질환 연구 - 화병(火病)을 중심으로」,『Journal of Korean Culture』 49, 고려대학교 한국언어문화학술확산연구소, 2020.5, 189-191면.

가정의 위기나 균열 앞에서 신경증에 노출되는 것은 동시대 신소설에서 흔히 나타나는 양상이다. 다만 당대의 신경정신 질환에 대한 이해는 대체로 신체와 밀접하게 연결된 것이었다. 예컨대 억울함이나 분노와 같은 감정은 가슴의 답답함[25]이나 신체 장기의 고통[26]이라는 형태와 같은 신체적 증상으로 표현되고는 했으며, 이는 화병(火病)이라는 개념으로 근대 의료 체계의 자장 내에 편입되기도 했다.[27] 물론 화병과 같은 뚜렷한 병명, 혹은 이에 대한 의학적 치료의 양상은 나타나지 않지만, 앞서 「은세계」를 비롯한 여러 신소설의 사례에서 보았듯이 유사한 증상에서 기인하는 발병의 서사는 다양한 형태로 등장한 바 있다.

1910년대의 번안 소설에서는 이러한 증상이 근대 의료 체계 내에서 재배치되는 양상을 보이기도 했다. 기존에는 광증(狂症), 성광(成狂) 정도로 표현되거나 구체적인 이상행동[28]의 묘사로 설명되던 증상이 '히스데리',

---

25 '긔 믹키고 가삼이 쌔겨지는 듯흔 찌에는 남보지 아니ㅎ는 곳에 가서 잔듸닙히라도 쥐여뜻고 한바탕 우넌 것이 가삼에 뭉긴 것을 을만큼 풀건마는'(「몽조」, 16회)

26 "그러나 부인은 밤낮으로 설운 생각 뿐이라 산을 보아도 설운 생각이 나고, 물을 보아도 설운 생각이 나고, 밥을 먹어도 눈물을 씻고 먹고, 잠을 자도 눈물을 흘리고 자는 터이라. 간은 녹는 듯, 염통은 서는 듯, 창자는 끊어지는 듯, 가슴은 칼로 어이는 듯한데 근심을 말자 말자 하고, 슬픔을 참자 참자 하면서도 솟아나는 마음을 임의로 못하고, 새로이 근심 한 가지가 더 생긴다. 무슨 근심인고? 내 속이 이렇게 썩을 때에 뱃속에 있는 어린 것이 다 녹아 없어지려니 싶은 근심이라." 이인직, 「은세계」, 『한국신소설전집』1, 을유문화사, 1968, 442면.

27 현대 한의학에서는 화병을 정신의학적 관점과 내과적 관점 양자를 모두 가진 질환으로 인식한다. 현대 정신의학의 관점에서는 신체화장애, 주요우울장애, 감정부전장애, 범불안장애의 복합적 형태를 띤다고 분석된다. 김종우, 『화병으로부터의 해방』, 도서출판 여성신문사, 2007, 102면 참조.

28 '장옥련이가 장승같이 딱 서서 무엇을 정신없이 물끄럼 보더니 쌩긋쌩긋 웃다가, 비죽비죽 울다가, 절을 꾸벅꾸벅하다가 하늘을 쳐다보며' 이인직, 「모란봉」, 『한국신소설전

'메랑고리아'와 같은 용어로 치환되는 현상이 그것이다. 「쌍옥루」의 이경자는 정욱조와 결혼 후 아들을 출산하면서 산후 여증(餘症)으로 신경쇠약으로 인한 히스테리를 앓는데[29], 이의 근본 원인은 서병삼의 사생아를 낳은 데 대한 죄책감과 불안에 있었다. 이 사실을 속이고 정욱조와 결혼하여 아들을 낳는 지경에까지 이르자 이 증상이 재발하여 히스테리의 양상을 보이게 된 것이다.

발병의 원인과 과정에는 다소의 차이가 있지만, 이러한 신경쇠약의 양상은 결국 딜레마와 같은 불안한 상황에서 비롯되는 것이었다.[30] 당대 사회의 인식 속에서도 신경쇠약은 주로 여성의 질병으로 여겨졌거니와,[31] 소설 속 여성 인물이 직면한 불안은 곧 히스테리나 우울증, 나아가서는 '정신병'과 같은 신경정신 질환으로 이어지기 십상이었다. 그리고 이러한 질환은 가족의 재결합, 혹은 가족을 붕괴시킨 원인의 근본적 해소가 아니고서는 치유될 수 없는 성격의 것이었다. 이산한 가족이 재결합하는 순간

집』1, 을유문화사, 1968, 72면.

29 조중환, 「쌍옥루」 중편 28회, 《매일신보》, 1912.11.1.

30 '불안'은 신경쇠약을 규정하는 데 중요한 기제 중 하나로 지목된다. 이는 신경쇠약을 불러오는 원인으로 꼽히거나, 혹은 신경쇠약으로 인하여 동반되는 정신적 증상으로 거론된다. 찰스 테일러, 송영배 역, 『불안한 현대사회』, 이학사, 2003, 154-158면.; 권혁건, 「나츠메 소세키의 『第十夜』에 나타난 불안 연구」, 『일본문화학보』 28, 한국일본문화학회, 2006.2., 264면.; 김숙희, 「나츠메 소세키 문학과 병-신경쇠약과 히스테리의 양상」, 『일어일문연구』 69, 대한일어일문학회, 2009, 114면.

31 여성은 남성에 비해 감정의 기복이 심하고 자극에 대한 저항력이 약하다는 것이 그 이유로 손꼽히고는 했다. 혹은 자궁병(子宮病)과 동반하여 화병을 일으키는 원인이 되기도 한다고 보았다. 鄭子英, 「朝鮮婦人의 疾病이 만흔 緣由」, 《시대일보》, 1924.4.2.; 「神經質인 男女는 春野散策도 危險」, 《매일신보》, 1927.3.19.; 「夏節과 婦人, 여름철에 만히 싱기는 『히스테리』의 예방법」, 《매일신보》, 1923.6.1.

정신 질환에서 벗어나거나(「은세계」), 자신의 죄를 고백함으로써 히스테리로부터 자유로워지는(「쌍옥루」) 식이었다.

그러나 「몽조」와 「인생의 한」은 극도의 불안과 더불어 신경쇠약의 자장 내에 노출된 여성 인물들을 발병의 지경까지 치닫게 하는 대신, 기독교와의 만남을 통해 증상을 완화하고 치유하는 길로 이끈다. 물론 두 작품에서 기독교는 남편의 죽음으로 이미 균열을 일으키기 시작한 가정을 회복시키는 데 기여한다거나, 혹은 남편의 죽음을 유발한 원인을 해소함으로써 여성 인물이 겪는 증상의 원인을 소거하지는 않는다. 그러나 여성 인물들은 기독교와의 대면을 통해서 이러한 균열로 인해 신경증에 노출되는 상황에서 벗어날 가능성을 찾게 된다.

또한 두 작품이 기독교가 마음의 병을 어떻게 치유하는지, 혹은 여성 인물이 직면한 불안을 어떻게 해소해 주는지 그 과정이나 방법을 보여주는 것은 아니다. 기독교에 대한 믿음이 줄 '구원'은 이미 결정된 사실이었고, 중요한 부분은 어디까지나 이들 인물이 어떻게 '회개'를 결심하게 되었는가를 보여주는 데 있었기 때문이다. 치유는 예정된 결말이었으나 회개와 믿음을 전제로 한 것이었으므로, 두 작품의 여성 인물에게는 자신이 처한 고난을 어떻게 받아들이고 이를 바탕으로 회개를 할 것인지가 관건이었다.

두 작품이 비슷한 상황과 인물을 소재로 한 동시대의 다른 소설들에 비해 여성 인물의 증상을 부각시키지 않은 이유도 여기에 있었다고 판단된다. 의료 기관에 의한 '치료', 즉 관련 전문가에 의한 진단이나 처방이 개입되는 단계라면 기독교의 역할은 상대적으로 축소될 것이었다. 외부적 개입에 의한 치료의 방식보다는 여성 인물이 스스로 회개를 통해 '치유'를 얻는 과정에 주목하는 것이 기독교가 전제하는 회개와 구원의 서사를 제시하는 데 더 효과적이었으며, 따라서 신경정신 질환의 일환으로서 외부에 드러나는 증상보다는 인물 내면에서 나타나는 불안과 갈등, 좌절을 보여주는 데 주력하게 된 것으로 보인다.

이처럼 남편의 죽음으로 인해 가정을 유지하는 것조차 힘들어진 여성 인물이 극도의 불안 속에서 신경쇠약을 앓게 되지만, 기독교에의 귀의를 통해 이를 치유하게 된다는 서사는 「몽조」와 「인생의 한」에서 공통적으로 나타난다. 그러나 이러한 치유의 성격은 서로 다른 양상을 보인다.

3. 기독교적 구원의 형태로 재구성된 치세(治世)

「몽조」에서의 기독교는 정씨 부인에게는 '구원'과 같은 존재다. 이재선,[32] 송민호[33] 등은 「몽조」에서 정씨 부인이 기독교를 통해 구원을 받는 다고 보았고, 최원식은 이러한 구원의 화소 자체는 인정하면서도 이것은 단지 영적 구원에 불과할 뿐 주체적 이성을 행사하는 계몽주의를 포기했다는 측면에서 작가가 기독교에 대한 비판 의식을 담아 냈다고 보기도 한다.[34] 그러나 어느 쪽으로 해석하든, 기독교가 정씨 부인에 대해 구원자의 역할을 했다는 것만큼은 분명하다.

---

32   이재선, 『한국 개화기 소설 연구』, 일조각, 1972, 56면.
33   송민호, 『한국 개화기 소설의 사적 연구』, 일지사, 1975, 121-126면.
34   최원식, 앞의 책, 309면.

그러나 「몽조」의 구원이 곧 정씨 부인이 처한 현실의 모순을 해결한다는 의미는 아니었다. 작중에서의 기독교는 한대홍의 억울한 죽음을 해소하거나, 위태한 상황에 놓인 정씨 부인에게 해결책을 부여하지는 않는다. 오히려 정씨 부인에게 기독교의 가치를 설파하는 전도마누라는 원인의 해소 대신 이에 대한 근심 자체를 버릴 것을 종용한다.

> 여보오 세상을 그렇케 근심ᄒ고 걱정ᄒ고 속 쓰리고 웃지 사오 그것이 다아 쓸듸 읍는 일이오 이것은 하나님 능력 속에 잇는 것을 사름이 걱정ᄒ야 무슨 효험이 잇소오 싱각ᄒ야 보시오 사름의 ᄒ는 일은 다아 하나님이 만그러 쥬신 것을 가지고야 홀 수 잇는 것이오 사람의 지조가 암만 좃타ᄒ더라도 쏫을 만그러 향ᄂ나게 홀 수 잇소 사름을 만그러 령혼 잇게 홀 수 잇소 이것은 다아 홀 수 읍는 일이오 하나님이 아니면 홀 수 읍는 일이오 (22회)

전도마누라의 권유는 기독교를 믿음으로써 현재의 상황에 대한 불안에서 해방되는 것이지, 한대홍을 죽음으로 이끈 현실의 모순을 타파하거나 어린 증남이를 훌륭한 아이로 키워서 아비의 뜻을 잇게 하는 것이 아니다. 기독교는 정씨 부인이 처한 상황의 원인을 해소하는 것이 아니라, 정씨 부인이 직면한 증상을 해소하는 기제로 작용한다. 즉 '속이 답답ᄒ고 갑갑'한 처지로 인하여 '마암에 미친 것을 풀기는 고사ᄒ고 칭일칭(層一層) 더홀 쑨'(16회)인 정씨 부인에게 소통의 대상과 의지할 처소를 마련해 줌으로써 마음의 병이 완화되도록 돕는 것이었다.

「몽조」에서 기독교가 종교로서만이 아니라 구난처로서, 혹은 직간접적인 '의료'의 주체로서 나타나는 건 당대의 관점에서도 특이한 사항은 아니었다. 당시 한국 내에서 기독교는 여성과 사회를 연결하는 데 적잖은 역할을 했다. 특히 여성에 대한 의료 분야에서 그러했다. 한국에서 처음 건립된 여성 전용 병원은 스크랜턴(Mary Scranton, 1832-1909)의 요청에 의해 1887년에 건립되었는데, 당시 의사인 메타 하워드(Meta Howard, 1862-1930)를 파견한 주체는 여성해외선교회였다.[35] 의료는 이미 19세기 후반부터 여성을 전도하는 매개체로 자리 잡고 있었다.

다른 한편으로 기독교라는 종교, 혹은 '교회당'이라는 공간은 일종의 은신처이자 의지의 대상이기도 했다. 「몽조」가 연재되던 무렵 《대한매일신보》의 「시ᄉᆞ평론」에서는 최근 한국인들이 정부의 압제와 일본인의 학대에 시달리는 현실에서 벗어나기 위해 교회에 의지하는 경우가 많아졌다고 했다.[36] 소위 군용지 명목으로 일본군에게 농지나 가옥을 강탈당하는 일을 피하기 위해 외국인에게 의탁하려는 경우도 적지 않았다.[37] 기독교는 현실의 모순과 압제로부터 조금이나마 안전을 확보하고자 했던 이들에게 '구원'으로써서 적잖은 각광을 받았던 것처럼 보인다.

이런 현상은 비단 취약한 개인의 생존을 위한 선택지로만 국한되지 않았다. 기독교, 나아가 상제(上帝)에 대한 믿음을 통해 현재의 난국을 타개할 수 있으리라는 담론 또한 폭넓게 형성되고 있었다. 세상의 이치를 궁구하기 위해 유불(儒佛)의 가르침을 독파하였으나 득의하지 못하던 선비

35   서우드 홀, 김동열 옮김, 『닥터 홀의 조선회상』, 좋은씨앗, 2009, 65-66면.
36   "수년 이리로 한국 인민이 정부의 압제와 일인의 학ᄃᆡ를 견ᄃᆡ지 못ᄒᆞ야 향홀 바를 알지 못ᄒᆞ기로 서교교에 드러가ᄂᆞᆫ 쟈가 만터니 근일에ᄂᆞᆫ 입교인이 더욱 허다ᄒᆞ야 교회가 대단히 흥왕ᄒᆞᆫ다 흔즉 한국 입제와 일인 학ᄃᆡ로 반동력이 싱겨 대한 텬디가 긔독국이 되리로다." 「시ᄉᆞ평론」, 《대한매일신보》, 1907.8.21.
37   H. B. Hulbert, 신복룡 역주, 『대한제국 멸망사』, 집문당, 1999, 256면.

가 마침내 〈창세기〉를 통해 득의하게 된다는 기사[38]나 보호국 체제의 도래와 같은 국가적 위기 앞에서 현실적인 대응책을 찾지 못하고 기독교로 귀의할 수밖에 없다는 문답[39] 등 상제를 통한 회개-구원의 논리는 1900년 대 중반의 매체에서 흔히 접할 수 있는 담론이었다.

다만 이때의 회개-구원의 논리는 국가 단위에서 작동했던 것으로, 국가가 처한 환난을 회개하고 기도함으로써 이에 대한 구원을 얻으리라는 식이었다. 이런 담론에서는 오히려 개인 차원의 길흉화복을 비는 것은 미신이며 국가를 위해 기도하는 것만이 '천리(天理)에 적합(適合)'한 행위라고 간주했는데,[40] 이는 개인 차원에서의 안식처로서 제시된 「몽조」의 기독교 담론과는 다소 거리가 있는 것이었다.

이는 비슷한 소재를 다룬 이인직의 「은세계」와의 비교를 통해서도 명료하게 드러난다. 「은세계」의 본평댁은 「몽조」의 정씨 부인과 마찬가지로 억울하게 남편을 잃고 어린 자녀를 양육해야 하는 상황에 놓인다. 남편을 좇아 죽고 싶은 마음에도 어린 자녀 때문에 자살을 택할 수 없다는 갈등에 놓인 것도, 그로 인하여 신경쇠약에 가까운 증상을 겪는 것도 동일하다. 하지만 「은세계」의 본평댁에게는 전도마누라와 같은 조력자가 등장하지 않고, 그 결과 본평댁은 '실진(失眞)'하는 지경에 이른다.

본평댁의 병증은 장성한 옥남이 돌아와 '한국 대개혁'을 언급하면서 강원 감사와 같은 이들이 모두 쫓겨났음을 언급[41]하는 순간 치유된다. 지방

---

38 「론셜」, 《제국신문》, 1898. 12. 16-17.
39 「路上問答」, 《대한매일신보》, 1906. 1. 4.
40 「讀蓮洞耶蘇教會爲國祈禧文」, 《황성신문》, 1905. 8. 2.
41 '황뎨폐하게셔 정치를 긔혁ᄒ셧는딕 지금은 권리 잇는 지상도 벼슬 파라먹지 못ᄒ오

관의 탐학으로 인한 상처를 정치 개혁으로 봉합할 수 있다는 발상은 사실 이인직이기에 가능했던 것으로, 군대해산과 고종의 퇴위를 '대개혁'이라는 수사로 풀어낼 수 있는 정치관을 피력하지 않고서는 불가능한 일이었다. 당대를 난세(亂世)로 인식하는 관점은 이인직이나 여타의 기자들이나 크게 다르지 않았지만, 이 난세를 치세(治世)로 돌릴 수 있는 방법이 일본 주도의 개혁에서 비롯된다는 사고[42]는 이인직이 아니고서는 내세우기 힘들었다.

결국 탐색 가능한 돌파구는 상제(上帝)와 같은 절대적 존재였다. 남편을 잃고 가정이 흔들리는 극도의 불안은 남편의 회생과 같은 비현실적인 방법으로는 해결할 수 없었고, 그렇다고 불안의 원인을 제공한 정치적 모순을 타파하는 것으로도 실현될 수 없었다. 하지만 정씨 부인의 마음을 다스리는 것은 가능한 일이었고, 이는 상제에 의탁함으로써 구원을 받는다는 형태로 구현될 수 있었다.

관찰ᄾ 군ᄉ들도 잔학싱민(殘虐生民)ᄒ던 녯버릇을 ᄃ바리고' 이인직, 『은세계』, 동문사, 1908, 134면.

42 이는 합병 이후 《매일신보》를 통해서 여러 차례 재생산된 담론이기도 하다. 《매일신보》는 합병 이전을 난세로 규정하고, 합병과 더불어 조선이 난세로부터 해방되어 일본제국이라는 치세하에 접어들었다는 논평을 다수 내놓은 바 있다. 이러한 논평은 비단 정치뿐만 아니라 교육, 문화, 경제 등 각 분야에서 다양하게 제시된 바 있으며, 심지어는 동시기 이해조의 연재소설에서도 이를 바탕에 둔 서술은 적잖이 등장한다. 「구의산」 24회에서 '지금 모양으로 경찰이 밝을 것 ᄀᆺ흐면 일변 시톄를 검사ᄒ다 혐의쟈를 됴사ᄒ다 긔어히 원범을 발각ᄒ얏스런마는 그째만히도 암미ᄒ던 시디라 직샹가의 일이라면 당쟈가 거죠를 하기 전에ᄂ 감히 간셥을 못ᄒᄂ 즁'이라는 작가의 논평도 그중 하나다. 「刑事事件의 增加」, 《매일신보》, 1911.5.13.; 「惡演劇의 弊害」, 《매일신보》, 1911.6.17.; 「十日旅行」 2, 《매일신보》, 1911.9.24.; 「朝鮮과 淸國」, 《매일신보》, 1911.11.19.; 「警告各私立學校」, 《매일신보》, 1911.12.3.

그러하기에 「몽조」에서의 구원은 '회개'의 대상이 명확하게 제시될 수 없었다. 동시대 국가 차원의 담론에서 제기되는 회개-구원의 논리는 국가적 위기 상황에 대한 자각과 반성이라는 회개의 기제가 구체적으로 존재했지만, 「몽조」에서의 정씨 부인으로서는 이러한 '죄'를 구체화할 만한 행적이 드러나 있지 않았다. 남편의 죽음은 구체적이되 불가항력적인 사건이었고, 그리하여 정씨 부인은 다만 "늬가 젼싱에 죄를 만이 지어 죄가 잇서 그러한가 … 죄 잇다고 하는 말에 늬가 잘못하야 즁남아버니가 아마 도라갓나 보다."(17회) 하며 막연한 죄의식을 품는 것으로 회개의 자리를 대신할 뿐이었다.

　애초에 회개를 거쳐야 하는 주체는 정씨 부인이 아니라 한대홍을 죽음으로 몰고 간 당대의 정치적 현실 그 자체였지만, 기독교의 존재는 이 역할을 수행할 수 없었다. 이인직이 「은세계」 속 옥남의 입을 빌려 언급한 '한국 대개혁' 같은 것은 기독교의 몫이 아니었다. 그 대신 이러한 현실의 모순으로 인해 '내몰린' 정씨 부인과 같은 약자들에게 구원을 제시하는 것으로 그 자리를 대체했다. 그리고 이러한 대체, 즉 구원의 제시를 가능하게끔 하기 위하여 「몽조」는 정씨 부인의 원한을 풀어 주는 대신에, 그러한 원한의 감정을 막연한 '죄'로 치환하여 회개-구원의 도식을 도입한 것이었다.

　정씨 부인을 발병 직전의 상태로 이끈 것은 외부 세계의 모순, 즉 남편인 한대홍의 뜻을 가로막고 그를 죽음으로 이르게 만든 당대의 통치 체제가 근본적인 원인이었다. 만일 한대홍이 정당하게 뜻을 펼 수 있었다면 정씨 부인 역시 남편을 잃고 유복자를 키워야 하는 고통으로부터 자유로울 수 있었을 것이다. 하지만 「몽조」가 재현한 세계 내에서 한대홍을 죽게 만든 모순은 근본적으로 해결될 만한 성격의 것이 아니었고, 정씨 부인을 기독교로 인도하는 전도마누라 역시 그런 역할을 수행할 수는 없었다. 「은세계」의 옥남이 '한국 대개혁'을 선언하면서 본평댁을 극적으로 치유한 것과 달리, 「몽조」의 전도마누라는 정씨 부인의 고통 그 자체를 '죄'와 연결시킴으로써 속죄를 통한 고통의 경감이라는 측면에서 정씨 부인의 증상을 완화시키고 본격적인 발병에 이르는 것을 막았을 따름이다.

전도마누라와의 대화를 통해 정씨 부인이 고통을 완화할 수 있었다는 점만큼은 명백하다. 다만 이 같은 통증 완화 방식은 문제의 근본적인 원인을 외면하거나 혹은 도피하는 방식으로 기독교라는 피안(彼岸)을 제시함으로써 정씨 부인을 고난으로 몰아넣은 시대적 모순을 외면하도록 만들었다는 점도 감안해야겠다. 하지만 이러한 모순을 해결한다는 것이 현실적으로 불가능한 시대적 상황을 감안한다면, 정씨 부인에게 필연적으로 찾아오게 되었을 '불치병'을 가급적 지연시키고 그를 고통으로부터 어느 정도 자유롭게 만들어 주었다는 것만으로도 「몽조」에서 나타난 대화의 역할은 적잖은 효능을 수행한 셈이다.

4. 회개를 중심으로 한 치유의 재구성

「인생의 한」에서는 「몽조」의 한대홍이 겪은 것과 같은 외부 세계의 모순을 직접적으로 드러낼 수 없었다. 이 소설이 게재된 1912년 당시는 이미 한일합병이 이루어진 뒤의 식민지기였다. 따라서 「몽조」가 연재된 1907년과는 시대적 상황이 현격하게 달랐다. 이런 배경하에 「인생의 한」이 다루는 남편의 죽음, 즉 아씨의 발병 원인 또한 「몽조」의 그것과는 사뭇 다른 양태를 취할 수밖에 없었다.

「인생의 한」에서 남편의 죽음은 「몽조」의 한대흥이 겪은 것과는 적잖은 차이를 드러낸다. 그 사인(死因)이 명확하게 제시된 것은 아니지만, 적어도 '예수를 믿어드면 … 국씨지 안으실' 것이었다는 서술을 보건대 죽음과 기독교의 관계만큼은 명확하게 제시되어 있다. 심지어 할멈은 아예 '마음이 죽는 데는, 빅약이 무효고, 다못, 예수씨 흔 분이 약'이라며 남편을 죽게 한 마음의 병을 낫게 하는 것은 오직 기독교에 대한 믿음뿐이라는 점을 강조하기도 한다.

「인생의 한」은 믿음의 결핍이 마음의 병을 불러일으킨다는 인과관계를 이미 전제로 내세우고 있었다. 남편의 죽음은 「몽조」의 한대흥처럼 불가항력적인 것도 아니요, 외부로부터의 압력에서 기인한 바도 아니었다. 비록 마음의 병을 얻었을지라도 예수를 믿었다면 죽는 지경에까지는 이르지 않았으리라는 할멈의 말은, 삼대독자를 잃고 마음이 상하여 미치기조차 하였으나 기독교에 귀의한 후 안정을 찾게 된 할멈 자신의 행적과 비교되면서 병과 죽음의 원인을 부각시킨다. 예수에 대한 믿음이 없었다는 것 자체가 바로 그 원인이다.

「인생의 한」에서 남편이 어떤 행적을 거쳐서 마음의 병을 얻게 된 것인지는 드러나지 않는다. 그러나 만일 예수를 믿었다면 '낙심 실망이, 되지 안으시고, 도리혀, 즐겁고 화평ᄒ게, 되실 것'이었다는 점은 수차례 언급된다. 낙심과 실망의 원인이 무엇인지는 알 수 없으되, 기독교라는 매개체가 존재했다면 이러한 마음을 완화하고 몸까지 병드는 지경은 막을 수 있었으리라는 것이다.

이러한 서술 속에서 할멈과 남편은 서로 양극단에 놓인다. 삼대독자를 잃은 할멈과, 모종의 이유로 마음의 병을 얻은 남편은 기독교에 대한 믿음의 여부를 중심으로 하여 상반된 지점을 점한다. 그리고 그 가운데에 놓인 것이 바로 '아씨'다. 남편의 죽음으로 '낙심'과 '실망'을 얻었지만 아직 발병의 지경에는 이르지 않았고, 죽은 남편과 달리 종교적 믿음으로 인하여 병을 극복하고 삶을 얻은 할멈이라는 모델에게서 기독교를 통한 치유의 길을 엿보게 되는 것이다.

> 『서방님이 예수 약을 쓰셨드면 꼭 회싱ᄒ셨슬 것을…』
> 『그 령혼이 지하에서라도 이것을 아시게 되면 듸단히, 한탄ᄒ실 것이요.』
> 『인져는 한탄ᄒ서도 소용이 업스니, 익씨쯰서나, 아못도록 밋으시야지요.』
> (69-70면)

아씨가 처한 불안의 문제는 어디까지나 개인의 문제, 즉 기독교에 대한 믿음의 미확정으로 수렴된다. 남편의 죽음도 마찬가지다. 「몽조」의 한대흥은 유학을 마치고 정치 개혁을 꿈꾸다가 역적으로 몰려서 죽는다는 서사를 확보하고 있지만, 「인생의 한」에서의 남편은 기독교에 귀의하지 않은 까닭으로 마음의 병을 고치지 못하고 죽었다는 단편적 사실로만 남는다. 남편의 병에 대한 별다른 질병 서사가 존재하지 않는 이상, 남편의 사인은 곧 믿음의 부재, 즉 '죄'로 인한 것으로 해석될 수밖에 없다. 그 영혼이 지하에서도 한탄하리라는 아씨의 말, 그리고 남편은 이미 늦었으니 아씨라도 믿어야 한다는 할멈의 대꾸는 속히 믿음의 부재라는 죄를 회개하여야만 구원을 얻으리라는 도식으로 치환된다.

애초에 표제에서부터 드러나고 있듯이, 이는 '한(恨)'의 정서로 수렴

된다. 「인생의 한」에서 아씨는 자신에게 부여된 '한'을 기독교와의 만남을 통해 해소할 기회를 얻는다. 그러나 이 '한'에는 원(怨)의 요소가 없다. 「몽조」의 정씨 부인이 한대흥의 억울한 죽음이라는 원(怨)을 내포한 반면, 「인생의 한」에서의 아씨에게는 오로지 남편을 잃고 유복자를 두었다는 한만 존재할 뿐이다. 그리고 이러한 한은 풀어야 할 원을 전제하지 않은 채, 다만 한에 대한 아씨 자신의 깨달음과 회개를 통해서만 해소될 수 있다.

이러한 차이는 「몽조」와 「인생의 한」 사이에 놓인 시대적인 간격과도 무관하지 않을 것이다. 「인생의 한」이 발표된 1912년 무렵에는 이미 기독교가 현실의 정치 문제에 대해 피난처 혹은 구원처의 역할을 수행할 수 있는 상황이 아니었다. 기독교는 법률이 할 수 없는 부분을 보완하여 '국민'의 덕성을 계도함으로써 체제에 순응하는 충량한 존재로 양성하도록 요구받았고,[43] 정치 문제와 일정한 거리를 유지하지 않으면 적잖은 폐단을 낳는다는 경계를 받기도 했다.[44]

이와 같은 일련의 사태는 신민회 사건에 기독교 세력이 개입되어 있다는 총독부의 판단이 작용한 까닭이기는 했지만, 굳이 신민회 사건이 아니었더라도 기독교가 현실로부터의 도피처 혹은 안식처로 작용할 여지는 그리 많지 않았다. 합병과 더불어 대한제국 시절의 난세가 해소되고 일본제국에 의한 치세가 도래했다는 것이 《매일신보》가 꾸준하게 내놓았던 담론이고 보면, 도무지 해결의 여지가 보이지 않는 극단적인 상황에서 상

---

43 「基督教信者」,《매일신보》, 1912. 9. 5.
44 「政治와 宗教」,《매일신보》, 1912. 11. 1.

제에게 의탁한다는 1900년대식 담론이 존속될 가능성은 희박했다. 그래서 그보다는 완성된 사회 내에서 개인의 잘못을 깨닫고 회개하는 데 대한 서사들이 지배적으로 나타나게 된다.[45]

질병이 내포한 은유 역시 마찬가지였다. 이는 국가 · 사회의 모순을 해결한다는 차원[46]보다 개인의 잘못을 반성하고 개선한다는 쪽으로 전환된다. 그리고 공교롭게도 이때 거론되는 질병은 주로 신경정신 질환 계통에 속했다.《매일신보》의 프로파간다 내에서 당대의 식민 통치 질서는 이미 완성된 치세(治世)를 전제하고 있었으므로, 작중인물이 겪어야 하는 정신 질환의 양상은 외부 세계의 모순에 기인함이라기보다는 인물 내면의 모순에서부터 시작하는 것으로 그려져야만 했다. 외부 세계를 구성하는 통치 질서는 이미 완성된 것이므로, 불완전한 존재는 체제가 아니라 체제 속의 개인이어야만 했던 까닭이다.

그 대표적인 것이《매일신보》에 연재된 조중환의 번안 소설들이다. 번안 소설 속 여성 인물들은 하나같이 연애 과정에서 실패와 좌절을 겪은 후 사죄와 용서 혹은 자복(自服)과 회개의 과정을 거친다.[47] 예컨대 조중환의「장한몽」에서 심순애는 히스테리를 앓은 후에야 이수일을 배신한 자

---

45   오인선,「산인의 감추」,《매일신보》, 1912.4.27.; 김진헌,「허욕심」,《매일신보》, 1912.5.2.; 조상기,「진남아」,《매일신보》, 1912.7.18.; 천종환,「육맹회개」,《매일신보》, 1912.8.16.; 이수린,「단편소설」,《매일신보》, 1912.8.18.; 김수곤,「단편소설」,《매일신보》, 1912.8.25.; 박용협,「섬진요마」,《매일신보》, 1912.8.29.

46   이는 국병의국(國病醫國) 문학이라는 형태로 1905-1910년 사이에《대한매일신보》등을 중심으로 활발하게 나타나기도 했다. 신동원,『호환 마마 천연두-병의 일상 개념사』, 돌베개, 2013, 351-357면 참조.

47   박진영,「1910년대 번안소설과 '실패한 연애'의 시대」,『상허학보』 15, 상허학회, 2005.8., 285면.

신의 죄를 용서받는다. '김중배에게 시집갔던 순애는 이미 죽어 없어지고, 지금 여기 나와 한가지로 있는 순애는 다시 부활'[48]한 것이라는 이수일의 선언은 이러한 회개와 치유의 관계를 명확하게 드러내는 부분이기도 하다.

이들 번안 소설에서의 회개는 여성 인물이 자신의 윤리적 과오를 인정하고 죗값을 치르는 것으로 설정되어 있다. 그 죗값이란 공교롭게도 질병, 그 가운데에서도 정신 질환에 집중되어 있다. 「쌍옥루」의 이경자가 앓는 '히스테리'나 「장한몽」의 심순애에게 부여된 '메랑고리아' 등이 그것이다. 이러한 변화는 비단 화병(火病)과 같은 전통적인 병명에서 신경쇠약이나 신경과민, 혹은 히스테리나 우울증과 같은 근대적인 병명으로의 전환만을 뜻하지는 않았다. 화병을 앓았던 1900년대 신소설의 여성 인물들이 자신의 선성(善性)을 증명하는 방식으로서 투병과 치유를 겪었던 것과는 대조적으로, 신경쇠약이나 그에 수반하는 제반 병증을 앓았던 이들 번안 소설의 여성 인물들은 오롯이 자신의 모순으로 인한 '죄'를 깨닫고 속죄하는 과정 속에 놓여 있었다. 「쌍옥루」의 이경자가 자신의 과오를 받아들이고 히스테리로부터 치유된 이후에 그 속죄의 연장선상에서 평양적십자병원의 간호부(看護婦)로서 활동하게 되었다는 서사는 이러한 체계의 속성을 단적으로 드러내 주는 부분이기도 하다.

그러나 「인생의 한」에서의 아씨에게는 이와 같은 속죄의 과정이 부여되지 않는다. 남편의 죽음은 아씨 자신의 내적 모순에 기인한 바도 아니요, 아씨 또한 남편의 부재 그 자체에 대해 고통을 호소하고 있을 뿐 그 부

---

48   조중환, 「장한몽-순애의 쾌복」, 《매일신보》, 1913.9.30.

재로 인한 내면의 갈등을 겪는 상황은 아니기 때문이다. 애초에 번안 소설의 여성 인물과는 달리, 아씨에게는 별다른 윤리적 과오나 이로 인한 내적 갈등이 없다. 「인생의 한」에서의 아씨는 오히려 전대 신소설에서 선(善)의 정결성에 그 어떤 동요도 겪지 않았던 여성 인물들[49]에 가깝다. 다만 과오가 있다면 기독교에 대한 믿음을 확보하지 못한 것뿐이었다. 이 '죄'를 회개하고 기독교에 귀의하면 굳이 별도의 치료를 요하는 질병[50]을 앓지 않더라도 치유될 수 있었다.

말하자면 「인생의 한」에서의 아씨에게는 오로지 자신의 속죄에 대한 요청만이 있을 뿐이었고, 이 속죄란 남편과는 달리 병을 얻기 전에 하루 속히 예수를 믿는 일이었다. 아씨의 앞날은 이미 남편과 할멈의 행적을 통해 검증된 상황이었으므로, 아씨는 단지 할멈의 말을 좇아서 신앙을 선택하기만 하면 될 일이었다. 삼대독자를 잃고 '미쳤던' 할멈조차 치유한 것이 기독교라면, 아직 불안한 상태 정도에 놓인 아씨로서는 기독교에의 귀의란 필연적인 결과가 될 것이었다. 할멈과의 대화는 일차적으로는 아씨가 겪는 마음의 병을 완화하는 역할을 할 것이었지만, 궁극적인 치유는 기독교라는 종교에의 귀의를 통해서만 실현될 수 있었다. 다만 실제로 그 치유가 실현되었는지의 여부는 알 수 없긴 하지만 말이다.

왜냐하면 「몽조」와 마찬가지로 「인생의 한」도 할멈이 아씨에게 전도

---

49   권보드래, 「죄, 눈물, 회개」, 『한국근대문학연구』 16, 한국근대문학회, 2007, 17-18면.
50   「장한몽」에서의 심순애는 총독부병원 정신병동에 입원하여 치료를 받는 것으로 서술되며, 「쌍옥루」의 이경자는 몇 차례 의사의 진단과 처방을 받는다. 하지만 이러한 진단과 치료는 이들 여성 인물의 질병을 치유하는 데 도움을 주지 못하며, 이들이 치유되는 것은 자신의 과오를 고백하거나 충분히 반성한 이후의 일이다.

권유를 하는 대목에서 연재가 중단되었기 때문이다. 연재에 나타난 부분은 아씨와 할멈 사이의 대화까지이며, 연재 중단에 대한 이유나 혹은 그후일담을 간략하게라도 설명해 주는 여타의 서술이 남아 있지 않은 까닭에 정확한 뒷이야기를 알 길은 없다. 하지만 남편의 죽음에 대한 별도의 서술 없이 대부분을 아씨와 할멈의 대화로 이끌어 가는 형태를 보건대, 이후의 내용은 아씨가 본격적으로 자신의 죄를 회개하는 대목을 부각시켰을 가능성이 크다. 연재가 계속되었더라도 2~3회 정도의 짧은 분량으로 마무리되었을 것으로 보인다.[51]

결국 「인생의 한」은 현실의 모순과 같은 요소들을 배제한 채, 믿음의 부재에 대한 회개를 부각함으로써 치유의 가능성을 제시하는 방식을 택했다. 아씨는 믿음의 부재로 치유되지 못한 자(남편)와 믿음을 통해 치유를 획득한 자(할멈) 사이에서 후자의 권유로 인해 전자의 죄를 회개함으로써 전자의 비극적인 운명에서 벗어나 후자와 같은 '구원'을 기대할 수 있는 처지로 나아가게 되었다. 「몽조」나 「은세계」가 남편의 억울한 죽음 또는 남편의 부재 그 자체를 발병의 원인으로 바라보고 다루었던 것과 달리 「인생의 한」은 남편보다는 종교의 부재를 근본적인 원인으로 제시했던

---

51   이러한 경향은 비슷한 시기 《매일신보》에 게재되던 단편소설류와의 경향과 흡사하다. 1912년 《매일신보》의 현상 응모를 통해 게재된 단편소설들은 1-3회의 연재 분량 내에서 주로 중심인물의 파멸이나 회개를 통해 계몽적 주제 의식을 제시하곤 했다. 이러한 단편소설의 구성은 먼저 파멸 또는 회개의 중심이 되는 장면을 제시한 뒤, 장면 속 인물의 내력을 간략하게 서술하여 서사의 당위를 확보하고 최종적인 결말을 보여주는 식이었다. 「인생의 한」은 연재 첫 부분에서 장면 제시에 중점을 둔다는 점, 그리고 정치·사회적 배경보다는 개인의 내력에서 문제의 핵심을 파악하려 한다는 점에서 이러한 《매일신보》 단편소설과 많이 닮아 있다.

이상, 할멈과 아씨의 대화는 아씨를 기독교라는 근본적인 치유로 유도하는 '과정'으로서만 의미를 지닐 수 있었다.

이는 종교가 고난을 바라보고 다스리는 방식의 차이를 보여준 셈이다. 「몽조」에서의 기독교는 시대적 모순이라는 고난에 대해 피난처를 제공함으로써 구원을 가능케 했던 반면, 「인생의 한」에서는 신앙을 가지지 않은 개인이 자신의 잘못을 회개함으로써 구원받을 수 있다는 논리를 내세웠다. 전도자 역할을 하는 할멈이 「몽조」에서의 전도마누라와는 달리 남편의 죽음을 신앙의 부재와 직결시키며 아씨의 회개를 촉구했던 것도 이러한 차이에서 비롯된 바였다.

5. 결론

「몽조」와 「인생의 한」의 작중인물은 자신의 고통을 타인에게 털어놓는 과정을 통해서 이를 완화하고 본격적인 발병을 방지하는 효과를 얻을 수 있었다. 그리고 이러한 대화를 가능하게 한 중심 기제는 바로 종교, 그중에서도 기독교였다. 비록 이러한 대화화는 의료라는 관점에서 수행된 행위가 아니라, 기독교로의 귀의를 유도는 전도(傳道)의 일환으로 이루어지는 행위였지만, 상술한 바와 같이 이러한 목적과는 별개로 작중인물을 치유하는 역할 또한 동시에 수행했음을 확인할 수 있었다. 말하자면 기독교는 여성 인물의 신경증을 치유하고 이러한 증상이 본격적인 질환으로 이어지는 것을 막아 주는 역할을 한 셈이다. 이는 비슷한 소재를 택한 동시대의 다른 소설, 이를테면 「은세계」와 같은 작품에서 여성 인물들이 발광

(發狂)으로 치닫는 극단적인 지점까지 나아갔다는 점과 비교해 보면 더욱 명료하게 드러난다는 점 역시 상술한 바다.

물론 이대화나 기독교가 정신 질환의 치료 기제로서 본격적인 역할을 수행한 것으로 보기는 힘들다. 기독교의 존재는 소설 속 여성 인물들로 하여금 자신의 속마음을 풀어내고 이를 통해 스스로 신경증에서 벗어날 수 있는 가능성을 보여주었을 뿐이다. 이 또한 정신 질환의 발병 가능성에 대응하는 방식으로서는 중요하게 여겨지는 부분이지만,[52] 「몽조」나 「인생의 한」에서 기독교의 등장이 그러한 요소를 상정한 것이 아님은 분명하다. 그보다는 기독교에 대한 믿음을 환기하기 위해 여성 인물의 회개와 그로 인한 구원을 보여주는 일환으로 정신 질환과 그 치유의 계기로서의 '대화'가 등장했다고 보는 게 정확할 것이다.

하지만 가장의 부재와 그로 인한 가정의 붕괴 위기 앞에서 극도의 불안 상태에 놓인 여성 인물의 이야기라는 당대의 전형적인 서사에 기독교라는 존재가 새로운 경향을 제시했음은 분명하다. 특히 이를 등장시키기 위해 대화라는 수단을 동원했고, 이러한 대화의 과정을 거치면서 여성 인물이 자신의 정신적 고통을 완화하여 본격적인 발병을 겪지 않고 '대안'으로서의 종교를 고려하게 되었다는 점은 꽤나 상징적이다. 불안으로 인한 신경증의 단계를 넘어서, 본격적인 발병은 물론이려니와 생명의 위협까지 감내해야 했던 다른 소설에서의 여성 인물들은 가정의 회복이나 개인의 자백 등을 통해서만 병으로부터 벗어날 수 있었다는 점을 생각해 보자. 더군다나 이들의 회복은 타인의 선언, 즉 '한국 대개혁'을 주장한 「은

---

52   김종우, 앞의 책, 26면 참조.

세계」 속 옥남의 발언처럼 외부로부터의 판단과 선언이 내려져야만 실현될 수 있었다. 반면 「몽조」나 「인생의 한」에서는 전도마누라나 할멈과의 대화를 통해서 정씨 부인이나 아씨 자신이 스스로 치유의 계기를 찾아낸다는 점에서도 그 차이는 명료하게 드러나는 것이었다.

　다만 「몽조」와 「인생의 한」 두 작품을 나란히 놓고 볼 때에는 기독교를 통한 치유가 작동하는 방식에서 적잖은 차이를 드러내기도 했다. 남편의 죽음으로 인한 고난이라는 점은 동일하나, 그 고난의 출발점이 사회의 모순인지 혹은 개인의 모순인지에 따라 대응 양상은 사뭇 달라진다. 전자가 사회의 폭압으로 인한 가부장적 질서의 붕괴 속에서 내몰린 여성을 구원하는 방식이었다면, 후자는 신앙의 부족이라는 죄를 깨닫고 회개하는 개인에게 구원의 길을 열어 주는 방식이었다. 그리고 이는 1900년대와 1910년대라는, 시간적으로는 가깝지만 역사적으로는 멀리 떨어진 각각의 시대에 기독교가 어떤 역할을 수행했는가와도 적잖은 관계를 맺고 있었다. 「몽조」와 「인생의 한」이 공유한 기반은 기독교가 '치유'의 프로세스를 통해 동시대 소설의 여성 고난 서사를 전유하는 것이었으되, 이 프로세스가 적용되는 방식은 한국 내 기독교의 역사성과 연관되어 적잖은 차이를 낳았던 것이다.

　아쉽게도 이러한 시도는 후대의 다른 소설로 계승되지는 않았다. 「몽조」나 「인생의 한」에서처럼 작중 여성 인물이 대화를 통해 자신의 고통을 완화하는 방식은 1910년대 중후반은 물론이려니와 1920년대 이후의 소설에서도 찾아보기 쉽지 않다. 여성 인물의 고난과 고통을 중심으로 하는 서사가 신소설 이후에는 명맥을 유지하지 못하게 된 점도 한몫했으려니와, 상기 작품들 역시 대화를 통한 치유의 가능성 그 자체에 주목했던 경우가 아니니만큼 기독교를 중심으로 한 문답체의 형태에 가까운 「몽조」
나 「인생의 한」은 별도의 계보를 형성할 수 있을 만큼의 영향력을 지닌 작
품들은 아니었던 것이다.

　하지만 대화를 통해 정신 질환에 대한 완만한 치유 혹은 돌봄의 가능성
을 엿볼 수 있었다는 점에서 두 소설이 상징하는 바는 사소하지 않으리라
고 본다. 한국문학에서 의료인의 윤리 문제를 직접적으로 다룬 이광수(李
光洙, 1892-1950)의 『사랑』(박문서관, 1939)과 같은 소설에서 환자의 마음 다
스림, 즉 '섭심(攝心)'의 문제를 중점적으로 언급한 점, 게다가 이러한 요
소가 공교롭게도 불교의 자비나 기독교의 아가페(agape)적 사랑과 연결
된 점 등을 고려한다면 이러한 맥락을 소구해 내는 과정에서 전대에 가로
놓인 두 작품의 존재는 다시금 돌아볼 가치가 있으리라고 판단한다. 다
만 『사랑』으로 연결되는 돌봄과 마음 다스림의 논의는 이 글에서 함께 다
루기에는 한계가 있기에, 이에 대해서는 추후 별도의 글을 통해서 다루어
보고자 한다.

근대 중국 사회의 마음 다스림*

—도인양생술에서 국민체조로

최지희

경희대학교 인문학연구원 HK+통합의료인문학연구단 HK연구교수

* 이 글은 최지희,「근대 중국인의 신체 단련과 국수체조의 형성—팔단금을 중심으로」,(『인문학연구』 57, 2023)를 수정 · 보완한 것이다.

1. 서론

도교의 양생술은 인체 내 기의 조화를 이루어 심신을 건강하게 하고 무병장수를 추구하는 수련법이다. 신체를 단련하기 위한 양생법으로는 '도인술(導引術)'이 있는데 오금희(五禽戲), 팔단금(八段錦)이 대표적인 도인술로 잘 알려져 있다. 그러나 청말·민국 시기 서양의학이 소개되고 체조나 스포츠가 소개되면서 전통 도인양생술은 '위생적 체육', '과학적 체육'의 근거를 갖추지 못하면 전통적인 지위를 위협받는 상황에 처하기도 하였다. 이후 1949년 중화인민공화국이 민족의학, 민족체육의 가치를 다시 중요하게 평가하기 시작하면서 도인양생술은 지금까지 명맥을 유지하였고 현재 중국 사회는 물론 동아시아 사회의 양생 수련법으로 남아 있다.

그렇다면 과학, 위생의 중요성이 강조되고 강건한 신체의 형성을 요구하던 근대 중국 사회에서 도인양생술은 어떤 변화를 겪었을까? 팔단금이라는 전통적인 신체 수련법은 서양의 체조와 비교하여 사람들에게 어떻게 받아들여졌을까? 중국 사회는 서양식 체조와 운동을 적극적으로 받아들이면서 기존의 양생수련법을 비과학적으로 여겨 등한시했을까.

민국 시대에도 팔단금은 여전히 대중의 사랑을 받는 양생수련법이었다. 그러나 그 형식과 성격에 많은 변화가 나타났다. 원래 팔단금은 좌식 수행이었으나 청말·민국 시대 이후에는 입식 운동으로 전환되었고, 중국의 근대 체육가 왕회기(王懷琪, 1892-1963)에 의해 체조로 개조되어 학교 학생들의 체육 훈련에 사용되기도 하였다. 나아가 팔단금은 중화의 정신을 담은 '국수체조(國粹體操)'로 불리기도 했다. 기존의 연구 중 팔단금이 유행하게 되는 배경은 근대 이후 중국 사회에서 위생 개념이 소개되고 강국을 이루기 위한 방편으로 '체육' 교육과 '체조'가 중요시되는 모습을 고찰한 연구를 통해 이해할 수 있다.[1] 그리고 중국 근대 체육 발전의 역사를 다루면서 전통 무술과 양생술에 나타난 변화를 고찰한 연구도 참고할 수 있는데, 이러한 연구들에서 간접적으로 팔단금을 언급하기도 하였다.[2] 일부 연구는 팔단금을 개조하고 보급하는 데 가장 큰 역할을 한 '왕회기'라는 인물에 집중하면서 그의 이력, 체육가로서의 활동, 교육 사상을 분석하였다.[3] 또한 명청 시대 팔단금의 역사적 발전과 관련된 문헌을 조사하

1   梁姬紅, 「"建國"與 "救亡"大格局下的體育思潮(1927-1937)」, 華中師範大學碩士學位論文, 2013; 魏剛, 李龍, 「論近代中西體育碰撞語境中的傳統體育養生」, 『南京體育學院學報』 28-6, 2014.; 劉營, 孫國友, 葉瑛, 「民國時期體育思想的歷史嬗變」, 『南京體育學院學報』 31-3, 2017.; 신규환, 「衛生의 槪念史: 淸末民國期 中西醫의 衛生論」, 『東方學志』 138, 2007, 179-180쪽.; 김태한, 「군국민체육에서 신체육으로-청말 민국 시기 '체육' 담론의 변화와 국민 만들기」, 『중국근현대사연구』 95, 2022.; 오수용, 「중국 근대 체육과 교육 과정사 개요-제2차 아편전쟁부터 신해혁명까지」, 『한국초등교육학회지』 28-1, 2022.
2   林思桐, 「西學東漸與中國近代武術教育」, 『體育文史』 3, 1992; 王永忠, 冉清泉, 塗傳飛, 「我國民族傳統體育研究取向的演進」, 『北京體育大學學報』 35-3, 2012.; 李永明, 「近代以來武術思想的演變歷程」, 『體育文化導刊』 2, 2012.; 丁守偉, 「中國傳統武術轉型研究 (1911-1949)」, 陝西師範大學博士學位論文, 2012.; 馮濤, 楊紅偉, 「國族主義與近代中國國術運動」, 『青海民族研究』 29-1, 2018.; 劉帥兵, 「民國時期武術教育的歷史詮釋」, 上海大學體育學院博士學位論文, 2019.
3   余晉宏, 「王懷琪的體育思想研究」, 廣州大學碩士學位論文, 2019.

거나, 민국 시대 팔단금이 남파와 북파로 나뉘어 계승되는 모습과 각 파의 차이를 분석하고 밝히기도 했다.[4] 이상의 연구는 근대 중국 사회에서 '체육'의 중요성이 확대되고 발전하는 큰 맥락을 설명하였고, 중국의 전통 무술이 '국술(國術)'이라는 정체성을 얻고 서양의 '체육', '스포츠'에 대응하여 중국을 대표하는 체육으로 발전하게 되는 모습을 잘 보여준다. 그러나 기존의 연구에서 '국술(國術)'은 대개 권법과 무술에 초점이 맞추어지고 팔단금과 같은 도인양생술은 비교적 주목을 받지 못했다. 또한 왕회기나 민국 시대 팔단금을 주제로 분석하는 연구들 역시 근대 체육사에서 왕회기의 선구자적인 역할, 동ㆍ서 융합적 체육 사상 등을 평가하는 등 주로 왕회기의 개인적인 업적에 치중되어 있다. 물론 왕회기 개인에 대한 연구나 민국 시대 팔단금이 남파, 북파로 나뉘어 발전하는 과정을 분석한 연구는 왕회기와 팔단금을 이해하는 데 중요한 단서를 제공하였다. 그러나 민국 시대 이후 체조로 개조된 팔단금이 어떻게 대중에게 받아들여지고 소비되었는지, 팔단금이 어떻게 체조로 개조되고 '국수(國粹)'라는 정체성을 갖게 되었는지에 대해서는 잘 밝히지 않았다. 이 글에서는 대표적인 도인양생술의 하나인 팔단금이 체조로 개조되는 모습과 상하이 지역 학교의 체육 교과과정에 포함되고 동시에 신문지상에 대중체육, 국수체육(國粹體育)으로 소개되는 모습을 살펴보면서 중국인의 건강관과 신체 단련 인식의 변화에 어떤 변화가 나타났는지 확인해 보려고 한다. 나아가 근대 이

---

4 翁士勳, 「試論八段錦的發展與演變」, 『浙江體育學科』 20-1, 1998.; 章舜嬌, 林友標, 「民國時期八段錦探微」, 『體育文化導刊』 4, 2017.; 肖禮元, 「明清時期養生功法八段錦的發展研究」, 福建中醫藥大學碩士學位論文, 2017.

후 신체 단련의 목적이 개인의 건강과 장수에서 '국민'의 건강과 '강한 국민의 신체 육성'으로 변화하는 모습이 팔단금에 어떻게 반영되는지 확인해 보겠다.

2. 청말 도인양생술 팔단금의 변화

도인술(導引術)이란 무병장수를 위한 도교의 양생수련법을 말한다. 도교에서는 인간의 활력이 기(氣)에 있으며, 건강을 유지하기 위해서 기를 몸 전체로 스며들게 해야 한다고 여겼고 도인술을 통해 수련하였다. 도인술에는 경혈 마찰, 호흡 조절, 섭식, 기공(氣功) 등 다양한 범주가 있었는데 몸의 관절을 굽히고 펴는 동작을 통해 기혈을 원활하게 하는 신체 단련도 여기에 포함되었다. 이러한 도교의 신체 단련은 동물을 모습을 본뜬 오금희(五禽戲)와 여덟 가지 동작으로 이루어진 팔단금(八段錦), 이십사기좌공도인법(二十四氣坐功導引法) 등 다양한 도인술로 확장되었다. 그중 신체 단련을 위한 오금희, 팔단금 등의 도인술은 명대 이후 유행하는 각종 일용류서(日用類書), 양생서, 통속 의학 서적에 도상과 함께 수록되었고 대중적으로도 널리 알려지게 되었다.

팔단금(八段錦)이라는 이름의 유래와 기원에 대해서는 연구자마다 의견이 분분하다. 우선 팔단금이라는 이름은 이 도인술이 '비단과 같이 귀중한 것으로 여겨졌다'거나 이 도인술의 훌륭함을 금과 비단에 비유했기 때문에 이러한 이름을 붙였다는 해석이 있다. 팔단금의 시작에 대해서는 진대(晉代)의 갈홍(葛洪, 283-343)이 지은 『신선전(神仙傳)』을 근거로 진대에 이미 팔단금이라는 도인술이 시작된 것으로 보기도 한다. 다른 한편으로는 남송(南宋)의 문인이자 도학가 홍매(洪邁, 1123-1202)가 저술한 『이견지(夷堅志)』에서 "한밤중에 일어나 호흡과 안마를 하는 것을 팔단금이라고 한다."라는 구절에서 처음으로 팔단금이 언급되었다고 여기고 그 창시자를 송대(宋代)의 충신 악비(岳飛, 岳武穆, 1103-1142)로 보기도 한다.[5] 팔단금의 시작에 대해서는 의견이 일치되지 않았으나 늦어도 송대 이후에는 비교적 잘 알려진 도인양생술로 자리 잡았음을 알 수 있다.

특히 16세기 후반 다양한 양생 서적이 유행하면서 팔단금과 관련된 가결(歌訣)과 도상(圖像)도 지속적으로 나타났다. 명대의 중국 사회에서는 출판업이 번성하면서 각종 일용류서(日用類書)가 유행했는데 의학 상식책과 양생서가 인기 있었고 그 안에는 팔단금에 대한 설명과 그림이 포함되었다. 명대 이래 출판된 『적봉수(赤鳳髓)』, 고렴의 『준생팔전(遵生八牋)』, 장학성의 『준생요지(尊生要旨)』, 그리고 『만수신서(萬壽仙書)』, 『오거발금(五車拔錦)』, 『묘금만보전서(妙錦萬寶全書)』, 『삼재도회(三才圖會)』 등 대표적인 양생서에 팔단금의 도상 「팔단금도(八段錦圖)」가 포함되었고[6] 이는 당시 팔단금이 민간에 잘 알려진 인기 있는 도인양생술이었음을 짐작하게 한다.

명청 시대에 유행한 팔단금의 동작은 여덟 가지로 구성되었고 주로 앉아서 수행하는 좌식 수련법이었다. 좌식팔단금은 송대의 『도추(道樞)』의

5   肖禮元,「明淸時期養生功法八段錦的發展硏究」,『福建中醫學大學碩士學位論文』, 2017, 2-3쪽.
6   陳秀芬,『養生與修身-晩明文人的身體書寫與攝生技術』, 台北:稻鄉出版社, 2009. 171-173쪽.

'칠기지결(七氣之訣)', 원대의 『수진십서(修眞十書)』 등의 양생서에 묘사되었고, 명대 주권(朱權, 1378-1448)이 편찬한 『요선활인심법(耀仙活人心法)』에는 기존 도교 서적과 양생서의 팔단금을 종합하여 더 상세한 설명을 추가하였다. 그리고 여기에 여덟 폭의 좌공도(坐功圖)를 덧붙여 수행히는 기본 방법과 자세를 설명하였다. 명대의 고렴(高濂)이 지은 수필집 『준생팔전(遵生八牋)』에는 문인(文人)들이 일상생활에서 실천하는 수양과 양생 방법이 소개되었는데 여기에도 도인법과 「좌공도(坐功圖)」 8폭이 포함되었다.[7] 준생팔전의 「좌공도」는 『요선활인심법(耀仙活人心法)』과 제목과 설명, 순서에서 약간의 차이가 있으나 모두 좌식의 수련을 기본으로 하는 것을 볼 수 있다. 이후 몇 가지 동작이 추가되어 십이단금(十二端錦), 십육단금(十六端錦)의 변형된 도인술이 유행하기도 하였다.

---

7   肖禮元, 「明淸時期養生功法八段錦的發展硏究」, 福建中醫藥大學碩士學位論文, 2017. 6-7쪽.; (明)高濂, 『遵生八牋』 卷3, 「延年卻病牋 · 八段錦坐功圖」, 成都:巴蜀書社, 1986, 58-68쪽.

〈표 1〉(明)高濂, 『遵生八牋』 卷3, 「延年卻病牋·八段錦坐功圖」

팔단금에는 입식 수련 방식도 있었는데 명청대까지 크게 주목받지 못했고 남아 있는 문헌도 매우 드문 편이다. 명대 호문환(胡文煥)이 편찬한 가결체(歌訣體)의 양생서 『유수요결(類修要訣)』에서 최초로 입식팔단금 수련법이 언급되었고, 이후 의학가 공거중(龔居中)이 편찬한 『복수단서(福壽丹書)』나 청대 조정동(曹庭棟)의 『노노항언(老老恒言)』 등의 '도인(導引)' 편에서 입식팔단금 중 네 동작이 언급되었다. 그러나 이러한 몇 문헌을 제

외하고 대부분의 팔단금은 '좌식팔단금'이었다.[8]

그런데 청말 이후에는 점차 좌식팔단금을 언급하는 책이 줄어들고 입식팔단금이 주목받기 시작했다. 청말 출판된 양생서에는 좌식과 입식의 팔단금이 함께 수록되었고 점차 입식의 비중이 늘어 갔다. 광서 연간에 출판된 양세창(梁世昌)의 『역근경외경도설(易筋經外經圖說)』 부록에서 입식팔단금도(立式八段錦圖)와 8개의 짧은 팔구칠언의 가결(歌訣)이 수록되었고, 이후 류걸(類杰)의 『팔단금좌공도설(八段錦坐立功圖訣)』과 『팔단금좌상입상(八段錦坐像立像)』 등에서도 입식팔단금도가 수록되었다.[9] 얼마 지나지 않아 민국 시기에도 팔단금을 보완하여 잡지와 신문에 연재하거나 출판하는 이들이 나타났다. 오현(吳縣) 출신의 체육가 왕회기(王懷琪)는 양세창의 『역근경외경도설』의 「팔단금」에 설명을 덧붙이는 등 보완하여 1915년 「팔단금체조(八段錦體操)」라는 이름으로 신문에 연재하였다.[10] 그 뒤를 이어 1916년에는 염포(濂浦)와 철애(铁崖)가 『교육잡지(敎育雜誌)』 8, 10호에 「팔단금상각(八團錦商権)」을 연재하기도 하였다.[11]

---

8   肖禮元, 앞의 논문, 9쪽.

9   肖禮元, 앞의 논문, 8-10쪽. 35-36쪽; 翁士勳, 「試論八段錦的發展與演變」『浙江體育學科』第20卷第1期, 1998年, 57쪽.

10   王懷琪, 「八團錦體操」, 『敎育雜志』 7-11, 1915, 11-14쪽.

11   濂浦, 「附錄-八段錦商権(附照片)(未完)」, 『敎育雜志』 8-8, 1916, 9-14쪽.; 濂浦, 鐵崖, 「附錄-八段錦商権(續)(附照片)」, 『敎育雜志』 8-10, 1916, 21-24쪽.

	梁世昌, 『易筋經外經圖說』 1	王懷琪, 「八段錦體操」
兩手托天理三焦	兩手托天理三焦	第 一 段
左右開弓似射雕	左右開弓似射鵰	第 二 段
調理脾胃須單擧	調理脾胃須單擧	第 三 段
五勞七傷望後焦	五勞七傷往後瞧	第 四 段

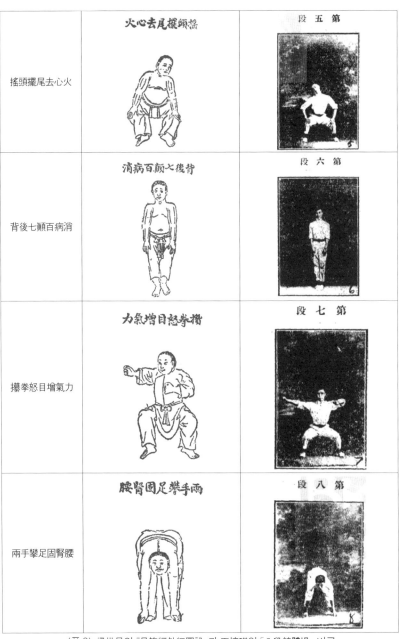

搖頭擺尾去心火	火心去尾擺頭搖	第 五 段
背後七顚百病消	消病百顚七後背	第 六 段
攢拳怒目增氣力	力氣增目怒拳攢	第 七 段
兩手攀足固腎腰	腰腎固足攀手兩	第 八 段

〈표 2〉梁世昌의 『易筋經外徑圖說』과 王懷琪의 「八段錦體操」 비교

이 중 왕회기는 팔단금과 관련한 수많은 책을 출판하고 개정하며 입식 팔단금을 대중에게 알리는 데 가장 큰 역할을 한 중국 근대 체육계의 주요 인물이다. 그는 강소성 오현(吳縣) 사람으로 청 선통 원년(1909)에 상하이 중국체육학교에 입학하고, 민국원년(1912)에 상하이 상단 상무소학의 체육 교사를 맡다가 나중에는 상하이 징충(澄衷)중학교로 옮겨서 36년간 근무하였다.[12] 이후 중국 체육대표단의 일원으로 독일 올림픽에 참가하기도 하였다. 왕회기는 줄곧 이 지역의 체육 교육에 종사하였고 특히 전통무술을 현대식으로 개량하거나 보존하는 데 많은 노력을 기울였다.[13]

왕회기는 양세창(梁世昌)의 『역근경외경도설』의 팔단금을 개조하여 팔단금체조를 발표하게 된 배경을 다음처럼 설명했다. "(나는) 우연히 길거리 좌판에서 『팔단금』이라는 책을 발견하였다. 이 책은 양세창 선생이 실제 경험을 바탕으로 쓴 것이다. … 나는 이 책을 수정하고 내용을 덧붙여 소학 교재로 삼고자 한다."[14] 이후에도 팔단금의 내용을 수정, 발전시켜 팔단금과 관련한 수많은 글을 발표하고 스스로 중국건학사(中國建學社)라는 출판사를 만들어 이곳에서 체육 교육 서적을 출판하기도 하였다.[15]

왕회기는 1950년까지 왕성한 저술 활동을 했는데, 그가 남긴 글을 보면 '팔단금(八段錦)', '역근경(易筋經)', '오금희(五禽戲)' 등의 도인양생술과 표

12　징충중학은 상하이에 중국인의 자본으로 세워진 최초의 학교이다. 상인 엽정충(葉澄衷)의 출자로 1898년에 홍커우 지역에 건립됨. 黃國新, 沈福煦編著, 『老建築的趣聞: 上海近代公共建築史話』, 上海: 同濟大學出版社, 2005, 154쪽.

13　王明輝, 姚宗强主編, 上海市虹口區志編纂委員會編, 『虹口區志』, 上海: 上海社會科學院出版社, 1999. 1163쪽.

14　王懷琪, 「八段錦體操」, 『敎育雜志』 7-11, 1915.

15　余晉宏, 앞의 논문, 32-33쪽.

퇴(漂腿) 등 전통 무술(國術)을 보존하고 현대식으로 개량하는 데 많은 관심을 가졌으며, 서양의 체조와 스포츠를 중국에 소개하는 글도 여러 차례 발표하거나 출판한 것을 볼 수 있다. 그리고 왕회기가 출판한 책은 많게는 4판까지 인쇄되었고 당시 신문에서도 그의 책을 홍보하거나 지지하는 글이 자주 등장할 정도로 대중적인 인기를 얻었던 것으로 보인다. 그렇다면 당시 왕회기가 전통 양생술에 관심을 갖고 팔단금을 '체조'의 형식으로 개량하게 된 배경은 무엇이었을까? 또한 체조로 개량된 도인양생술은 어떤 점이 수정되고 어떠한 새로운 성격이 추가되었을까?

3. 체조의 유행과 국술의 개량

근대적 '위생' 개념은 일본 메이지 정부의 초대 위생국장을 지낸 '나가요 센사이(長與專齋, 1838-1902)'에 의해 창안되었다. 나가요 센사이는 서양 문명을 배우기 위해 메이지 정부가 파견한 '이와쿠라 사절단(岩倉使節團)'의 일원이었고, 구미 시찰 중 서구 문명의 핵심이 위생이라는 것을 깨닫게 되었다. 이후 영미의 'Sanitary' 혹은 'Health', 독일의 'Gesundheitpflege(건강 보호)', 'Offentliche Hygiene(공중위생)' 등의 개념을 '위생'으로 번역하여 소개하였다. 이후 '위생'은 일본은 물론 동아시아 사회에 소개되며 근대국가가 의학에 기반을 두고 여러 학문을 활용하여 국민의 건강 보호를 증진하기 위해 적극적으로 개입해야 하는 것으로 여겨지게 되었다.[16] 본래 개

---

16 김태진, 「『서유견문』에서의 양생/위생 개념-「양생하는 규칙」의 논리 구조」, 『日本學

인의 장수와 건강을 위한 '양생(養生)'이라는 개념과는 다른 사회의 공적인 보건을 의미하는 단어가 나타난 것이다.

그러나 위생이라는 새로운 단어가 도입되고 정착되는 과정에서 '위생'은 각 사용 주체의 의도와 방식에 따라 다양한 뜻으로 사용되었다. 보통 '양생'은 전통적인 건강의 개념, '위생'은 근대적인 개념으로 이해하지만, 메이지 시기 일본이나 중국, 조선에서는 위생이라는 신조어와 함께 양생, 섭생(攝生) 등의 개념이 혼용되어 쓰인 것을 볼 수 있다. 19세기 말 일본과 조선, 중국 사회에서 유행한 '위생 담론'에는 전통적인 개인의 건강을 위하는 '양생' 개념과 공공의 청결, 국가의 제도적 개입 등 공공 위생의 개념이 혼용되었고, 신문과 잡지에는 '위생'을 개인의 장생이나 신체 보양의 의미로 사용하는 약품 광고가 우후죽순 나타났다.[17]

그 결과 민국 시대의 신문, 잡지에는 양생과 건강에 대한 새로운 관점이 등장한 것을 볼 수 있다. 사람들은 여전히 전통적인 '양생'을 중시했지만 서양의학을 바탕으로 하는 건강이론이 새로운 '양생법'으로 소개되기도 하였다. '장수(長壽)', '장생(長生)', '장명(長命)'과 관련된 여러 신문 기사에서도 서양 의사가 주장하는 건강법이 소개되었는데, 이때 건강을 유지하기 위한 필수적인 신체 활동으로 '운동'이 빠지지 않고 등장했다. "아침에 일어나 운동해라.", "우리의 신체는 반드시 운동을 해야 건강하다. 단, 격렬한 운동은 좋지 않다.", "조식 전 반드시 운동을 하라." 등 장수와 건강에

研究』 60, 2020, 42-44쪽.; 신규환, 「衛生의 槪念史: 淸末民國期 中西醫의 衛生論」, 『東方學志』 138, 2007, 179-180쪽.

17   김태진, 앞의 논문, 39-47쪽.; 신규환, 앞의 논문, 182-190쪽.; 박윤재, 「양생에서 위생으로-개화파의 의학론과 근대 국가건설」, 『사회와 역사』 63, 2003, 30-36쪽.

대한 갖가지 조언에서는 반드시 적당한 '운동'을 강조하였다.[18] 운동을 하지 않았을 때 일어나는 여러 가지 질환을 예로 들어 운동의 중요성을 설명하기도 했다.

> 사람이 장수하기 위해서는 '위생'이 무엇보다 중요한데 위생을 지키기 위해서는, 첫째, 청결이 중요하며, 둘째, 운동이 중요하다. 천지가 운동하여 일월(日月)이 순환하고, 물이 운동하여 부패한 것이 쌓이지 않는 것처럼 사람도 똑같은 이치가 적용된다. 시간을 지켜 운동을 하면 몸이 강건해지고 정신이 총명·민첩해진다. 그렇지 않으면 혈액이 순환하지 않고, 소화가 되지 않고, 근육이 약해지고 정신이 흐려져서 결국 날로 몸이 쇠약해질 것이다. 이러하니 어찌 운동을 하지 않을 수 있겠는가.[19]

그렇다면 사람들이 새롭게 주목한 신체 단련 운동은 어떤 것이었을까? 전통적인 양생의 '도인술'도 근대적 '운동'에 포함될 수 있었을까?

---

18 中西長壽考,『益聞錄』58, 1880, 165-166쪽.; 詹詹錄,「百年長壽法」,『新民叢報』3-23, 1905, 122쪽.; 世界譚片,「長命」,『大陸(上海1902)』3-3, 1905.; 世界譚片,「壽之秘訣」,『大陸(上海1902)』3-3, 1905, 5쪽.; 叢錄,「歐洲之長壽人」,『通問報耶穌敎家庭新聞』279, 1907, 7쪽.; 雜記,「百年長壽法(選稿)」,『自治報』4, 1907, 18-20쪽.; 雜組,「長壽法十二則(未完)」,『通學報』46, 1907, 280-281쪽; 雜組,「長壽法十二則(續前稿)」,『通學報』47, 1907, 312-313쪽.;「長壽之秘訣」,『申報』, 1907.05.22., 26면; 新法紀聞.「駐美伍公使新得長壽訣」,『通學報』6-4, 1908, 124-126쪽.; 丁福保,「新知識-長壽法要項三十二條」,『東方雜志』6-3, 1909, 28-30쪽; 沙世傑,「通俗講話-長壽法」,『醫藥學報』3-7, 1911, 78-79쪽.;「長壽訣」,『中西醫學報』15, 1911, 29-30쪽.; 北美之長壽者,『新聞報』, 1912.05.09., 13면; 愼世,「長壽法」,『時報』, 1912.09.02.,11면.

19 胡其美,「運動有益衛生說」,『女鐸』6-11, 1918, 51쪽.

중국은 아편전쟁을 경험하면서 제국주의 국가들의 막강한 군사력을 깨닫게 되었고, 양무개혁을 통해 서구의 군사기술을 배우고 신식 무기를 도입하고 공장을 건설하여 군수업을 발전시키면 앞으로 외세의 침략을 막을 수 있다고 여겼다. 그러나 이후 이어진 청프전쟁, 청일전쟁 등 제국주의 국가와의 전쟁에서 패배하자 이러한 중체서용식의 한계를 깨닫고 새로운 쇄신을 추구하게 되었다.

비슷한 시기 엄복의 『천연론』의 영향력이 파급되고 사회진화론의 '우승열패', '적자생존'의 논리가 전수되면서 중국에서는 지금까지의 개혁이 실패하고 외국의 침략을 받게 된 이유를 중국인 신체와 정신의 나약함에서 찾는 움직임이 나타나기도 했다. 중국인 신체의 열등함은 '동아병부(東亞病夫)'라는 말로 풍자되었고 이러한 '열등한' 신체를 개조하고 '강종(强種)'으로 만들어야 한다는 논의가 일어나기도 했다. 양계초(梁啓超)와 같은 지식인들도 중국이 생존하기 위해서는 관제 개혁 외에 인민의 재교화가 필요하다고 주장했다. 국가의 기반을 이루고 있는 국민이 변하지 않으면 제도가 바뀌더라도 강국·부국의 목표를 이룰 수 없다고 한 것이다.[20] 부강한 국가를 이루기 위해서는 국민의 신체를 강하게 만들어야 했다.

이러한 사회 분위기에서 중국인은 국민의 신체를 강하게 만들기 위해 신체를 단련하고 교육하는 '체육'의 중요성을 깨닫게 되었다. 특히 서구인의 신체 단련법과 운동에 주목하게 되었다. 당시 중국에서 주목한 서양의 운동법은 '스포츠'와 '체조'였다. 조계지가 늘어나고 미국, 유럽, 일본 등지

---

20   신규환, 앞의 논문, 193-196쪽.; 김태한, 「군국민체육에서 신체육으로-청말 민국 시기 체육 담론의 변화와 국민 만들기」, 『중국근현대사연구』 95, 2022, 4-5쪽.

에 유학을 가는 학생이 늘어나면서 서양에서 즐기는 축구, 야구, 배구, 농구, 승마 권투 등 '스포츠'가 중국에 소개되었다. 또한 서양의 군대와 학교 체육에서 실시하는 '체조'도 주목을 받았는데, 체조는 개인의 신체 단련뿐만 아니라 단체의 상무(尙武) 정신을 키우는 데 유용한 운동법으로 소개되었다.

서양식 체조는 처음에 양조(洋操)라고 불렸고, 중국에서는 군대의 훈련에서 먼저 도입되었다. 1879년 양강총독(중국의 강소성, 안휘성, 강서성을 총괄하는 관리) 심보정(沈葆楨)이 '양조(洋操)' 훈련을 건의하였고, 1898년 호부·병부가 강남 지역 감찰사 어사 증종안(曾宗顔)에게 "육군의 정련을 일률적으로 양조로 바꾸었다. … 모집한 신병을 모두 양조로 훈련시킨다."는 명령을 내리기도 했다. 이후 각지에 세워진 무비학당 등 군사학교의 체육 시간에도 군대식 서양 체조를 익히게 하였다.[21]

신식 학교에서는 점차 체육 과목을 교육과정에 포함하기 시작했다. 어렸을 때부터 '운동', '체육'을 통해 신체를 단련시키면 유약한 중국인의 신체를 강하게 만들고 결국 '강종'에 도움이 된다고 여겼기 때문이다. 또한 체육은 어린 학생의 신체 단련뿐만 아니라 건강한 국민의 양성, 나아가 국가의 군사력과 연결되었다. 청말 신정(新政) 시기에 단행된 학제 개혁인 계묘학제(癸卯學制)와 1904년에 반포된 주정학당장정(奏定學堂章程)에서는 체육이 교육과정에 포함되었는데 이때 '체조'가 필수과목이 되었다. '체조'는 신체의 균형적인 발육이나 건강한 정신 함양을 목적으로 하였지만 집단생활의 일사불란함이나 용감하고 진취적인 기상, 규율을 중시하는 습

---

21   呂利平, 李斌, 「我國近代洋操的引進及其影響」, 『安慶師院社會科學學報』 17-4, 1998.

〈그림 1〉 상하이 지역 건신회(健身會)의 건신방(健身房) 개관

관 등이 포함되는 등 '군인'으로서 필요한 자세를 강조하였다.[22] 이러한 체조 훈련은 남학생과 여학생을 막론하고 시행되었으며 학교의 '운동회'를 통해 일사불란한 단체의 움직임이 대중에게 전시되기도 했다.

운동의 중요성은 학교의 학생뿐만 아니라 청년, 부녀자, 노인 등 일반 대중에게도 강조되었다. 당시 중국 각지의 청년들은 마을 단위로 '건신회(健身會)'를 조직하여 활동했는데 건신회는 정부가 주도하는 위생운동에 동원되기도 하고 사람들에게 위생, 건강 등의 새로운 지식을 계몽하기도 했다. 또한 각지의 건신회는 신체를 단련하는 신방(健身房)이라는 운동 장소를 개관하기도 했다.(〈그림 1〉)[23] 지역의 건신방이 개관했음을 알리는 신문 기사에서는 건신회의 개장을 치하하면서 개인의 신체의 건강이 곧

22　김태한, 앞의 논문. 7쪽.
23　健身房(照片),『上海青年(上海1902)』16-16, 1917, 8쪽.

사회와 연결됨을 이야기하였다. "신체가 건강하지 않은 것은 개인의 몸, 가정의 문제에 그치는 것이 아니라 결국 사회에 영향을 미친다. 우리나라의 청년회가 건신방을 개장했다는 것에는 그러한 뜻이 있다."[24] 즉 운동이란 개인의 '양생'과 '건강'은 물론 '국민'의 건강한 신체를 만들기 위한 행위로 받아들여졌다.

다양한 운동법 중 사람들이 관심을 많이 가진 것은 '체조'였다. 체조는 다른 구기 종목이나 기구 운동과 달리 돈이 들지도 않고 시간의 제약이 없으며 따라 하기 쉽고 특별한 도구가 필요하지 않기 때문이다. 체조의 여러 종류 중 대중에게 가장 유익한 것으로 널리 추천받은 것은 주로 '도수체조(徒手體操)'라고 불린 맨손체조였다. 신문에서는 건신법으로 운동을 추천하면서 유연체조(스트레칭)의 동작을 간단히 보여주기도 하고,[25] 아침 운동법을 소개하면서 서서 또는 누워서 하거나 의자를 이용해서 하는 다양한 체조 동작을 보여주기도 했다.[26] 수건과 같이 간단한 도구를 이용한 독일의 체조법이 소개되기도 했는데 여덟 단계의 동작이 다음처럼 그림과 글로 묘사되었다.(〈그림 2〉)[27]

---

24   公振,「健身」,『時報』, 1918.09.19., 10면.
25   穀音,「至當不易之健身法(附照片)」,『青年(上海189?)』 15-4, 1912, 108-113쪽.
26   祁屋克, 倪瀕森,「早起健身法(附照片・表)」,『學生』 8-10, 1921, 67-72쪽.
27   (德)羅密蘭, 俠公,「手巾運動法(未完)(附圖)」,『家庭雜志(上海1915)』 1-1, 1915, 1-6쪽.

즉, 중국인은 건강을 지키기 위한 새로운 신체 활동인 '운동'과 '체조'라는 운동법을 '동아병부'의 신체를 극복하고 '강종'을 이루기 위한 일종의 의무로 받아들인 측면이 있다. 체조라는 운동법은 간단하고 쉬운 동작으로 이루어져 있으며 비용이 들지 않거나 저렴하고, 시간과 장소의 제약을 받지 않는 편리함 등으로 인해 대중에게 널리 받아들여지기도 했다. 다양한 글과 그림, 사진 등도 대중이 체조를 친숙하게 받아들이는 데 큰 역할을 했다.

서양의 체육 개념과 체조의 효능에 주목하기 시작하면서 동시에, 한편에서는 서양 스포츠가 지나치게 오락을 추구하기 때문에 현재 중국의 상황에서는 상무 정신을 일깨울 만한 체육 활동이 더 알맞다는 의견을 피력하기도 했다. 그리고 민족주의 열기가 고조되면서 중국의 전통적인 무술인 국술(國術)의 가치를 돌아보고 열강의 침략에 맞설 도구로서 '국술'의 가능성을 기대하는 움직임도 나타났다. 대표적으로 근대의 저명한 체육교육가 정등과(程登科)는 중국의 국술이 중화민족 고유의 운동이자 민족이 지금까지 생존할 수 있었던 근원이며, 전통 체육에서 부족한 것은 과학화, 군사화, 현대화이니 이러한 점을 보완한다면 서양의 체조와 비교해도 손색이 없다고 주장하였다.[28] 국민당 장군이었던 왕경(王庚) 역시 군국민체육을 주장하면서 국술의 긍정적인 면을 이야기했다. '국술은 위생상 오류가 많으니 서양의 의료위생과 의학 이론을 거쳐 수정해야 한다. 그러나 개량된 국술에 서양 체조의 장점만 더한다면 중국과 서양의 상무 정신을 기초로 하는 중국 체육을 완성할 수 있다'는 의견이었다.[29]

이러한 국술을 체육 훈련에 활용하고 대중체육으로 만들자는 의견은 점차 여론의 지지를 얻게 되었고, 특히 정등과나 왕회기와 같이 전통 무술의 부흥을 꾀하는 체육인들은 국술의 가치를 대중에게 알리는 데 적극적이었다. 남경국민정부 시기 정부 주도의 신생활 운동이 시작된 이후에는 정부의 공식적인 지지도 얻을 수 있었다. 장개석은 '국훈(國訓)'에서 각 성군정(省軍政) 대표가 군대를 훈련시킬 때 '국술'을 과정 내에 포함시킬

---

28   王健吾, 「複興民族與提倡民族體育-寫在程登科先生我們應否提倡中國的體育'後」, 『勤奮體育月報』 4-4, 1939.

29   梁婭紅, 「"建國"與"救亡"大格局下的體育思潮(1927-1937)」, 華中師範大學碩士學位論文, 2013. 52쪽.

것을 명령하기도 했다. 1927년 6월에는 국술연구관(國術硏究館)이 중앙국술관(中央國術館)으로 개칭되면서 약 12년 동안 정부의 감독 아래 대중에게 국술의 가치를 선전하는 역할을 맡았다. 『국술주간(國術周刊)』, 『국술월간(國術月刊)』, 『국술계간(國術季刊)』 등 국술을 연구하고 선전하는 잡지도 이 시기에 집중적으로 출간되었다.[30]

국술에 대한 관심은 곧 토체육(土體育)과 양체육(洋體育)의 논쟁으로 이어졌다. '토체육'은 중국의 전통적인 무술이나 운동을 의미하고 '양체육'은 서양의 스포츠와 운동, 체조 등을 의미한다. '토체육'을 주장하는 글은 국수주의 체육 사상으로 전통 국술을 보존하고 국민교육에 적극 이용하자는 의견이 주를 이루었다. '토체육(土體育)'을 주장하는 자들은 서양 체육을 배우는 것을 찬성하지만, 과연 서양의 체육이 중국인에게 적합한 것인가에 대한 의문을 제기하였다. 특히 학생들에게 상무 정신을 가르치고 열강과 경쟁해야 하는 급박한 시기에 오락적 성격이 강한 서양의 체육을 교육시키면 학생들의 정치의식을 해친다는 점을 우려하였고, 중국 체육의 미래를 전통 체육의 장점에서 찾고자 하였다. 반면, '양체육'을 주장하는 자들은 '토체육'이 갖추지 못한 위생과 과학성을 지적하였다. 음양오행이론이나 단전(丹田), 기의 순환 등을 바탕으로 하는 토체육에 비해 해부학을 바탕으로 하는 서양의 체육은 근골의 발달을 도모하고 신체를 강하게 단련하는 데 더 도움이 된다는 것이다. 또한 서양의 체육이 오락에 불과하다는 것은 서양의 체육 문화에 무지하기 때문에 생긴 오해라고 지적하였다. 오히려 개인이 홀로 수련하는 중국의 전통 무술에 비해 단체의 협

30 梁婭紅, 같은 논문, 56-58쪽.

동을 중시하고 경쟁심을 기를 수 있는 서양 체육이 더 우수하다는 논리를 펴기도 했다.[31]

1920~1930년대 체육계에서 활발히 전개된 '토체육'과 '양체육'의 논쟁은 서양 체육에 대한 이해 부족과 군국주의 체육의 경향을 보여주었지만, 체육계와 교육계가 앞으로의 중국 체육과 교육의 방향을 고민하는 계기가 되었다. 동·서 체육 논쟁이 진행되면서 여전히 서양의 체육과 중국의 체육[國術]을 극단적으로 비교하는 주장도 있었으나, 토(土)·양(洋)의 구분을 없애고 두 체육의 장점을 배우자는 주장이 더 강한 설득력을 얻게 되었다. 특히 중국의 전통 체육을 연구하고 개량하여 과학화해야 한다는 의견이 주를 이루었다. 왕회기와 같은 체육가들은 바로 이러한 관점에서 전통 무술 및 팔단금과 같은 도인양생술을 연구하고 당시 중국 사회가 요구하는 군사체육, 위생적·과학적 체육에 맞추어 개량을 시도한 것으로 보인다. 근대적 가치에 맞게 개량된 체육이야말로 중화민족을 부흥시킬 '민족체육'의 자격을 갖출 수 있었다.

4. 국수체조 팔단금의 유행

왕회기는 팔단금을 연구하고 개량을 시도하면서 1915년부터 1950년까지 꾸준히 관련된 책을 출판하고 신문에 글을 기고하였다. 1915년 처음으로 팔단금에 기초한 『십분종체조(十分鐘體操)』를 자비로 출판하였고, 1916

---

31 梁姬紅, 같은 논문, 65-66쪽.

년에는 『정정팔단금(訂正八段錦)』을 출간하여 2쇄까지 출판하였다. 이후에도 『호흡 및 단련법 실험(實驗深呼吸練習法)』(1921), 『팔단금전도(八段錦全圖)』(1920), 『팔단금무휘간(八段錦舞彙刊)』(1925), 『분급팔단금(分級八段錦)』(1926), 『여자팔단금체조(女子八段錦體操)』(1927), 『팔단금무(八段錦舞)』(1933), 『신편팔단금(新編八段錦)』(1947) 등 팔단금과 관련된 책을 발표하였다. 왕회기는 기존 팔단금의 각 동작을 알기 쉽고 명확하게 풀어서 설명하려고 노력하였고 팔단금의 대상을 체육 훈련을 받는 학생에서 일반 대중에게까지 확장시키려고 했다. 예를 들어 '팔단금체조'의 첫 번째 동작인 '양수봉천리삼초(兩手奉天理三焦)'의 난해한 설명을 직관적으로 알기 쉽게 설명하려고 하였다.

"첫째, 두 어깨를 좌우 위로 높이 올리고 가슴도 위로 향한다. 열 손가락을 서로 깍지 끼고 양 팔꿈치는 굽히지 않으며 동시에 양 발꿈치도 높이 들어 올린다. 둘째, 휴식. 셋째, 양 어깨를 아래로 내리고 발꿈치도 내려놓는다. 넷째, 휴식. 이런 방식을 세 번 반복하고 마지막에는 발끝을 서로 합친다. 손을 들어 올릴 때 천천히 움직이고 급하게 동작을 하지 않는다. 이 동작을 훈련하면 신경이 민첩해진다."[32]

---

32 魏剛, 李龍, 「論近代中西體育砥撞語境中的傳統體育養生」, 『南京體育學院學報』 28-6, 2014.

동작의 명칭	동작 설명
제1단 雙手擎天理三焦	첫째, 두 어깨를 좌우 위로 높이 올리고 가슴도 위로 향한다. 열 손가락을 서로 깍지 끼고 양 팔꿈치는 굽히지 않으며 동시에 양 발꿈치도 높이 들어 올린다. 둘째, 휴식. 셋째, 양 어깨를 아래로 내리고 발꿈치도 내려놓는다. 넷째, 휴식. 이런 방식을 세 번 반복하고 마지막에는 발끝을 서로 합친다. 손을 들어 올릴 때 천천히 움직이고 급하게 동작을 하지 않는다. 이 동작을 훈련하면 신경이 민첩해진다.
제2단 左右開弓似射雕	첫째, 오른쪽으로 한 보 벌린다. 발꿈치는 들지 않게 주의하며 양 무릎을 아래로 구부려 기마 자세를 한다. 왼손은 주먹을 쥐고 팔을 오른쪽으로 들어 올리고 엄지를 위로 든다. 왼손은 주먹을 쥐고 팔을 어깨 앞에서 구부린다. 손등을 바깥으로 하고 머리는 오른쪽을 향한다. 둘째, 발꿈치는 움직이지 않고 왼쪽 팔을 왼쪽으로 뻗는다. 엄지를 위로 향하게 하고 오른손을 주먹 쥐고 팔을 어깨 앞에서 구부리고 머리는 왼쪽을 향한다. 넷째, 둘째 동작과 동일. 이 자세를 일곱 번 되풀이한다. 마지막에 상체를 일으키고 오른발을 바르게 하고 양팔은 아래로 하고 정자세로 돌아온다.
제3단 調理脾胃單擧手	첫째, 오른팔을 오른쪽으로 높이 들고 손바닥은 왼쪽으로 하며 가슴을 위로 향하게 편다. 이때 왼팔을 왼쪽으로 늘어뜨리고 손바닥은 앞을 향한다. 둘째, 왼팔을 왼쪽으로 높이 들고 손바닥을 오른쪽으로 향하고 가슴은 위로 편다. 오른팔은 아래로 늘어뜨리고 손바닥은 앞쪽으로 한다. 셋째, 첫 번째 동작을 반복, 넷째, 두 번째 동작 반복. 이 동작을 일곱 번 되풀이한다. 마지막에 왼쪽 팔은 위로 들지 말고 양팔을 아래로 한다.
제4단 五勞七傷往望後瞧	첫째, 머리를 오른쪽으로 90도 돌린다. 둘째, 머리를 다시 앞으로 돌린다. 셋째, 머리를 왼쪽으로 돌린다. 넷째, 머리를 앞으로 돌린다. 이 방법을 일곱 번 반복하고 마지막에 양발을 하나로 모은다.
제5단 搖頭擺尾去心火	첫째, 오른발을 오른쪽으로 한 보 벌린다. 양 무릎을 굽혀 기마 자세를 한다. 양팔을 약간 굽히고 팔꿈치는 뒤로 한다. 양손은 가볍게 양 무릎에 둔다. 머리는 오른쪽으로 깊게 꺾는다. 둘째, 발은 움직이지 않고 머리를 바로 한다. 셋째, 머리를 다시 왼쪽으로 깊이 꺾는다. 넷째, 머리를 바르게 한다. 이 방법을 일곱 번 되풀이한다. 마지막에 머리를 바로 하고 상체를 일으킨다. 오른발을 바르게 하고 두 발 끝을 하나로 모으고 발꿈치를 높이 든다.
제6단 背後七顚百病消	첫째, 양 발꿈치를 가볍게 아래로 부딪혔다가 다시 위로 든다. 둘째, 셋째, 넷째, 첫 번째 동작을 한다. 이 동작을 일곱 번 되풀이한다. 마지막에는 두 발꿈치를 아래로 하고 들지 않는다.
제7단 攢拳怒目增氣力	첫째, 오른발을 오른쪽으로 한 보 벌린다. 양 무릎을 굽혀 기마 자세를 한다. 오른팔을 주먹을 쥐고 오른쪽으로 뻗는다. 왼팔도 주먹을 쥐고 어깨 앞으로 평행하여 굽힌다. 손등은 바깥으로 향하게 한다. 눈을 앞쪽으로 똑바로 크게 뜬다. 둘째, 발을 움직이지 말고 오른팔을 어깨 앞으로 수평으로 굽힌다. 왼팔은 왼쪽으로 뻗는다. 셋째, 첫 번째 동작과 같다. 넷째, 두 번째 동작과 같다. 이 동작을 일곱 번 되풀이한다. 마지막 동작 시 양팔을 아래로 내리고 상체를 일으키고 오른발은 그대로 둔다.
제8단 兩手攀踝固腎腰	첫째, 상체를 앞으로 깊숙이 굽힌다. 아래쪽으로 깊이 굽힐수록 좋고 무릎은 굽히지 않는다. 양팔은 몸을 따라 아래로 한다. 둘째, 휴식. 셋째, 상체를 일으키고 양팔을 원래 위치로 한다. 넷째, 휴식. 이 방법을 일곱 번 되풀이하고 마지막에는 오른발을 바로 하며 몸을 일으킨다.

〈표 3〉 팔단금 동작 설명(王懷琪,「十分鐘體操:附圖」,『江蘇教育行政月報·附錄』 3, 1917.)

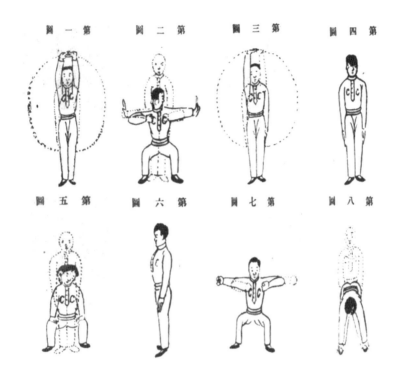

왕회기는 상하이 지역의 소학교, 중학교에서 체육 교사를 담당하면서 자신이 개량한 팔단금을 학생들에게 훈련시키며 체육 교육에 적용할 수 있는 기회를 얻었다. 그는 학생들에게 간략한 버전의 팔단금을 꾸준히 훈련시킨 결과 효과가 매우 뛰어났음을 경험했다.

내가 상하이 징충(澄衷)학교에 있을 때 우리나라 고유의 팔단금에 새로운 운동 동작을 참고하여 '10분 체조'를 만들었다. 매일 새벽 학생들에게 연습하게 하고 체조 교본으로 삼았다. 이 체조는 동작이 쉽고 운동량이 많지 않으면서 효과가 좋았다. … 곧 다른 학생들이 강연을 요구하고 출판을 요청

하였다.[33]

그가 창안한 '팔단금체조'는 상하이 일대의 학교에서 환영을 받은 것으로 보인다. 1917년 11월 18일 저녁, 왕회기는 상하이 정안사로(靜安寺路)의 강남중학의 초청을 받아 팔단금을 강연하였는데 학생은 물론 수많은 청중이 몰렸다. 그는 이 강연에서 팔단금의 세 가지 이로움을 "운동하는 데 걸리는 시간이 짧으며, 차지하는 공간도 작고, 기억하기 쉽다."라고 정리하였고, '중국의 정수[國粹]'를 지킬 수 있는 운동이라고 소개하였다. 그는 이 자리에서 직접 팔단금을 시연하였는데, 각 단계의 정확한 동작과 효과를 설명하고 큰 박수를 받았다.[34] 상하이 지역 학교에서는 수업 시간에 팔단금을 훈련하고 운동회에서 팔단금 공연을 시연하는 것이 유행된 것으로 보인다.(〈그림 3〉, 〈그림 4〉) 1928년 8월 상하이 시립 소학교의 연합 운동회에서는 남학생 800명이 단체로 팔단금을 시연하였다는 기사도 발견할 수 있다.[35]

팔단금의 신체 단련과 단체 운동로서의 효과는 교육계의 인정을 받기도 했다. 왕회기는 자신이 가르치던 징충중학뿐만 아니라 주변 다섯 학교의 체육 교육을 전담하기도 했고 "지금 교육계 인사들은 모두 팔단금을 훈련하여 신체를 강건하게 하니 근골이 동과 철과 같이 강해졌다고 한다."고 평가받았다.[36]

33   王懷琪,「八段錦團體教授法」,『教育雜志』 12-10, 1920, 1-2쪽.
34   「江南中學試驗八段錦」,『時報』, 1917.11.20., 10면.
35   團體表演,「男生中級八段錦」,『時報』, 1927.8.28., 10면.
36   「目下教育界人物均練習八段錦」,『新聞報』, 1925.3.23., 17면.

〈그림 3〉 왕회기가 가르쳤던 징충(澄衷)학교의 팔단금체조 시연[37]

〈그림 4〉 절강성 가흥시 평호현 학교 운동회의 팔단금 시연[38]

37 「上海澄衷學校八段錦體操攝影(照片)」, 『教育雜志』 8-2, 1916年, 1쪽.
38 「平湖縣新埭區第二屆小學聯合運動會・八段錦表演」, 『時報』 1930.05.19., 5면.

나아가 1933년, 상하이시 교육국은 왕회기가 편찬한 『팔단금도서』를 각 학교의 체육 교재로 한다는 훈령을 공포하였기도 했다.

> 〈왕회기가 편찬한 『팔단금도서』를 각 학교의 체육 교재로 하는 안건에 대해〉 상해시 교육국 훈령4197호
> 시립, 사립 각 중소학교의 학교 체육 과목을 살피니 교사 학생의 체력 단련에 있어서 교재 선택이 매우 중요하다. 징충중학(澄衷中学)의 체육 주임 왕회기가 체조 교재를 제정하여 각 학교에서 훈련할 것을 청하였다. 모든 상하이시의 중소학 체육 교재를 통일하고 개선하는 것이 마땅하니 응당 전문가를 불러 상의하여 정한다. 각 학교에서는 왕회기가 편찬한 『팔단금도서』를 상의하여 채용하라. -민국 22년 1월 6일[39]

'팔단금체조'는 학교 교육 현장뿐만 아니라 상하이 일대의 대중에게 건강을 지키고 신체를 단련하는 체조로서도 널리 알려졌다. 왕회기가 출판한 책의 소개 글이나 광고에서는 팔단금이 허약한 신체를 강하게 만드는 효과가 있다는 점을 중점적으로 소개하였다. 일부 책 광고에서는 주로 왕회기의 팔단금체조를 훈련하고 빠른 시간 내에 건강을 되찾았다는 독자의 편지가 소개되었다.

- 신간 소개 『정정팔단금』: 소주(蘇州) 오현(吳縣)의 왕회기가 가정 및 학교

---

39   潘公展,「訓令:上海市教育局訓令第四一九七號-令市立,私立各中小學校爲王懷琪編著
　　　之八段錦圖書各校可酌采爲體育教材由」,『上海市教育局教育周報』177, 1933, 8쪽.

를 위한 운동법을 출판하였다. 이 운동법을 훈련하면 신체를 건강하게 만들고 근골의 강화, 정신의 활력에도 도움이 된다.[40]

- 내가 건강한 몸을 유지하는 비결은 두 가지인데 하나는 팔단금이고 다른 하나는 서예이다. 본래 나는 몸이 건강하지 않았는데 열다섯일 때 만난 선생님이 아침 체조(운동)를 가르쳐 주셨는데 이것이 팔단금이었다. 이후 나는 줄곧 팔단금을 연습해 오고 있다. 몸이 건강하게 된 것은 모두 팔단금 덕분이다.[41]

- 건강한 생활을 하고 싶으면 반드시 매일 적당한 운동을 해야 한다. 도시인들은 신체가 허약한데 그 원인은 운동을 할 기회가 적기 때문이다. 대개 신체가 허약한 자는 병에 걸리기 쉽고 인생의 즐거움을 누리지 못한다. 나 역시 이전에 허약한 자였으나 현재는 매우 강해졌다. … 나는 회사에서 종일 책상 앞에 앉아 있고 운동하는 시간이 적었다. 밤에는 상업야학 보습에서 국문과 영어를 배우고 잠시도 쉬지 못했다. 그래서 소화불량의 위장병을 얻었고 … 위장병이 낫기는커녕 더 심해져서 식사량이 갈수록 감소하고 정신도 맑지 않았다. … 이후 나의 동료 전씨가 나에게 팔단금을 권유하였다. 병이 나을 뿐만 아니라 몸이 강해진다고 하였다. 나는 그의 말을 듣고 매일 아침에 각 동작을 한 번씩 따라 했는데 수일 후 정신이 맑고 상쾌해지면서 식사량도 증가하였다. 이 주일이 지나자 나의 위장병은 모두 나았다. 나는 이미 2개월째 팔단금을 훈련하고 있는데 병이 나았을 뿐만 아니라 몸이 평상시보다 강건해졌다. 팔단금은 매우 간단하며 시간도 수 분만 소요된다.

---

40 「訂正八段錦」, 『時報』, 1916.09.14, 10쪽.
41 梅蕭, 「我的生活談八段錦和學字的功用」, 『新聞報』, 1929.11.21., 22쪽.

근대 중국 사회의 마음 다스림 | **173**

운동 장소도 매우 작게 차지한다. 그러나 반드시 공기가 맑아야 한다. 달리 장소가 없으면 침대에서 해도 된다. 훈련을 결심한 후 반드시 항심을 가져야 한다. 그렇지 않으면 아무 효과도 없을 것이다. 훈련 시간은 반드시 이른 아침과 자기 직전이어야 하는데 이때가 가장 공기가 맑고 깊은 수면을 돕기 때문이다. 매일 10분 정도의 시간을 들여 한번 해 보시라. 만약 지속할 수 있으면 반드시 각종 보약을 먹는 것보다 유익할 것이다.[42]

물론 당시 대부분의 광고가 그렇듯, 이상의 책 소개가 독자의 편지를 정말 반영한 것인지는 확인할 수 없다. 그러나 '팔단금체조'는 인기 있는 '건강 체조'로 의학, 건강 잡지나 신문에 자주 등장했으며 팔단금의 수련 방법과 효과에 관심을 가지고 궁금해하는 독자에게 답을 하는 특별 기사도 실렸다. 기사에서는 팔단금의 효과와 각 단계의 동작과 수행 방법을 자세하고 알기 쉽게 설명했고 다른 체조법과 마찬가지로 그림과 사진이 추가되는 경우가 많았다.

《사회일보》에서는 1935년 8월 7일부터 9월 11일까지 팔단금의 자세와 훈련법에 대해 그림을 곁들여 짤막한 글로 연재하였다. 기사의 서문에서는 팔단금이 왜 알맞은 체조법인지 다음처럼 이야기하였다.

건강은 바라는 일을 이루기 위한 중요한 기본인데 이를 위해서 중요한 것은 운동이다. 건강한 자도 병든 자도 모두 운동을 해야 하고 운동이 약보다 더 효과가 좋다. 운동은 격렬한 운동과 가벼운 운동으로 나뉘는데 … 일반적

---

42 「汪洋君自述經驗-八段錦是簡易健身術」, 『益世報(天津版)』, 1934.10.15.,9쪽.

인 사람들은 가벼운 운동이 알맞을 것이다. … 사람들이 따라 하기 쉬운 팔단금을 본 신문 기사에서 그림과 글로 설명하여 연재하겠다.[43]

『팔단금도서』의 소개글에서는 팔단금을 수행하는 데 주의할 점을 추가적으로 설명하기도 했다.

현재 각 서국(書局)에서 팔단금도가 나와서 유행하고 있다. 그러나 팔단금을 수행할 때 주의해야 할 것이 있다. 첫째, 이른 아침에 일어나 먹지 말고 배를 비워라. 만약 격렬한 운동을 한다면 손상되기 쉽다. 둘째, 이른 아침에 운동을 하고 바로 대변을 봐라, 변비를 막을 수 있다. 셋째, 운동 후 반드시 신선한 공기로 심호흡을 하여 흉중의 막힌 기를 빼내라. 넷째, 저녁 체조 하기 전 머리 쓰는 일을 하면 안 된다. 머리를 쓰면 피곤한데 육체까지 피곤하면 해가 될 것이다. 머리 쓰는 일을 한 후 반드시 휴식한 뒤 체조 단련을 하라. 다섯째, 저녁 체조를 한 후 바로 잠자리에 들어라. 운동 후 다른 일을 하면 안 된다. 여섯째, 체조 시 전신에 주의하라. 떠든다거나 호흡할 때 말을 하면 안 된다.[44]

이상의 내용을 통해 팔단금이 학교 체육의 유용한 교재나 훈련으로서 가치를 인정받았을 뿐만 아니라, 건강을 위한 체조법으로 환영받았음을 짐작할 수 있다. 사람들이 팔단금을 선호했던 것은 왕회기가 정리한 것처

---

43 「八段錦圖釋(一)」,『社會日報』, 1935.8.7, 3면.
44 錢志康,「八段錦應注意的幾點」,『新聞報本埠附刊』, 1934.10.18., 2면.

럼 '체조 시간이 짧고, 장소를 많이 차지하지 않고, 기억하기 쉬운 동작'이
기 때문이었다. 더구나 집 안 개인적인 공간에서 하는 체조는 돈이 들지
않고 시간과 장소에 구애받지 않는다는 장점이 있었다. 좌식 수련법이었
던 팔단금은 청말 입식 수련법 위주로 바뀌면서 민국 시기 각광받는 체조
로 자리 잡았다.

앞서 살펴본 대로 팔단금은 본래 개인의 양생과 신체 단련을 위한 도인
법이었고 왕회기에 의해 '체조'로 탈바꿈했지만 여전히 개인적인 신체 수
련의 성격도 지니고 있었다. 그런데 학교에서 팔단금이 활용된 것을 보면
팔단금이 기존의 '조용한 개인적인 수련'을 넘어서 '단체 활동'으로 바뀌는
모습을 보인다. 또 다른 예를 '팔단금 조련대'의 활동에서 확인할 수 있다.
1910년, 계간지 『의무(義務)』의 기사에서는 한 마을에서 '팔단금 조련대'가
조직되어 엄격한 규칙에 따라 마을 청장년들이 팔단금을 훈련했다는 것
을 보여준다.

⟨약장(約章)⟩

① 선발된 합격생 36명을 4조로 나눈다.

② 매 조의 1인을 대표 사령으로 삼는다.

③ 매일 2조가 훈련한다.

④ 월수금은 제, 2조가 훈련하고 화목토는 3, 4조가 훈련한다.

⑤ 매일 아침 7시 반에서 8시까지 모여 훈련한다. 지각을 세 번 이상 하면
영원히 조직에 들어오지 못한다.(사령도 동일함)

⑥ 만약 사령이 늦거나 휴가를 청하면 가장 장년자가 임시로 이끈다.

⟨규칙⟩

① 조련대에 들어오면 함부로 떠들고 웃거나 다투면 안 된다.

② 훈련 시 게으름 피우면 안 된다.

③ 훈련 시 다른 사람의 신체를 함부로 건들면 안 된다.

④ 훈련은 구령에 맞춰서 한다.

⑤ 구령의 속도는 사령이 정한다.

⑥ 이것을 위반하는 자는 세 번 이상 어기면 쫓아낸다.[45]

본래 팔단금은 개인적인 수련법이었기 때문에 '구령'에 맞춘다거나 정해진 정확한 시간에 시작해야 된다는 규칙이 없었다. 그런데 학교의 팔단금 단체 훈련이나 이 '조련대'의 규칙을 보면 흡사 '팔단금체조'가 '군대식 체조'처럼 활용된 것을 볼 수 있다. 즉 팔단금에 '체조'의 의미가 부여되면서 개인적 수련을 넘어 '단체를 위한 운동'로 성격이 바뀌는 것을 보여준다.

또한 팔단금을 '중국', '중화의 정체성'을 지키기 위한 운동으로 여기고 있었음을 확인할 수 있다. 왕회기 책의 홍보 글이나 팔단금훈련법을 설명하는 신문 기사에서는 팔단금을 '민족', '국가'와 연결 짓고 '국수체조(國粹體操)'로 명명하는 경우가 적지 않았다.

건신강국의 간단하고 쉬운 방법: 강국은 강종이 우선되어야 한다. 우리 중국이 쇠약한 것도 인종이 쇠약하기 때문이다. (중국인이 쇠약한) 가장 큰 원인은 체조와 격투기가 없기 때문이다. 징충(澄衷)중학교의 체육 교사 왕회기(王懷琪)는 본래 상하이에서 제일가는 '체육가'인데, 최근 중국의 전통 팔

---

45 「操練八段錦隊」, 『義務』, 1910, 2쪽.

단금체조의 책을 출판하였다. 이 지역 각 단체의 회원들이 왕회기를 초청하여 팔단금 시연을 보았다. … 우리는 어떻게 신체를 강하게 만들어서 나라를 지킬 수 있을 것인가 … 바로 팔단금이 우리 몸을 강건하게 할 수 있는 묘법이다. 팔단금은 송대 무목(武穆)으로부터 전래되었고 우리나라의 체육 중 국수(國粹)의 제일이다. 우리가 팔단금을 일으킨다면 건신의 효과뿐만 아니라 국수를 지키는 것이다.[46]

팔단금을 옹호하고 팔단금의 발전을 지지하는 자들은 서양식 체조에 밀려 중국의 전통적인 신체 단련법이 빛을 보지 못하는 현실을 안타까워하기도 했다. 왕회기 자신도 팔단금을 '국수체조'로 명명하며 팔단금을 훈련해야 하는 이유를 '중국의 국수를 지킬 수 있기 때문'이라고 하였고, 체육계가 새로운 것만 따르고 국수를 버리고 돌아보지 않는 현실을 우려하였다. 팔단금 훈련법을 설명하는 다른 기사에서도 팔단금을 훈련해야 하는 이유에 대해 '팔단금은 중국을 구할 수 있고 우리 청년의 신체를 단련시킬 수 있는 방법'[47]이라고 주장했다. 1947년 『건강과 미(健與美)』에서 팔단금의 훈련법을 소개한 위연(伟然)의 글에도 팔단금에 투영된 애국주의가 드러난다.

우리의 체육 인재들이 국수의 장점을 알지 못하고 번번이 외국의 것만을 따

---

46   治心, 「敎務要聞-健身强國之簡易法(上海)」, 『興華』 14-20, 1917, 26쪽.

47   石樵, 「中國八段錦操練法」, 『市民』 1-13, 1935, 3-4쪽.; 石樵, 「中國八段錦操練法(續)」, 『市民』, 1-14, 1935, 5-7쪽.

르고 전파한다. … (팔단금 수련은) 오관사지를 모두 운동할 수 있으니 진정
으로 국수체조의 교과서이고 연권양기(練拳養氣)의 입문서이다. 정신이 피
폐하고 신체가 허약한 자는 이것을 반드시 연습하라. (그리하면) '동아병부'
라는 듣기 거북한 이름과 치욕을 다시 우리의 적들에게 돌려줄 수 있을 것
이다.

즉 팔단금체조는 국수(國粹)의 의미를 담고 있는 운동으로 개인뿐만 아
니라 중화의 정체성을 지키고 강한 중국인을 만드는 데 일조하는 애국 행
위의 의미를 내포하는 것을 볼 수 있다. 당시 중국 사회에서 팔단금이 유
행하게 된 것은 이러한 '국수체조'의 정체성과 관련이 있다고 볼 수 있다.

5. 결론

도교의 양생술이었던 팔단금이 민국 시대에 '팔단금체조'로 유행하게
된 것은 근대 이후 중국 사회의 건강관과 신체의 단련에 나타난 변화를 반
영한다. 서양의학이 들어온 뒤 건강을 지키기 위한 신체 단련법은 '운동'이
라는 단어로 표현되었고, 운동을 통한 심신의 단련은 개인을 건강하게 할
뿐만 아니라 전 사회를 건강하게 하고 부강한 국가를 만든다는 중요한 의
미를 지니게 되었다. 중국 사회에 서양의 체육, 스포츠 등이 소개되었고
정부는 교육개혁을 단행하며 학교의 정규 과목에 체육을 포함시켰다. 학
생들은 서양의 다양한 스포츠를 접하는 한편 단체로 병식체조(兵式體操)를
훈련하면서 상무 정신과 일사불란한 단체의 움직임을 학습하였다.

이러한 서양 체육 위주의 변화에 대해 일각에서는 서양의 체육 활동이 오락에 치중되어 국민을 단련시키기에 부족하며, 중국인에 더 알맞은 '국술(國術)'을 국민체육으로 발전시키자는 주장이 나타나기도 했다. 중·서 체육의 논쟁은 각 체육의 장점과 단점만을 부각하는 극단적인 경향을 보이기도 했으나, 어떤 방식으로 근대 국민의 신체를 훈련하고 국민체육을 만들어 갈지 고민한 흔적이라고 할 수 있다. 국술의 발전을 추진한 사람들은 서양 체육을 참고하여 국술의 부족한 점을 보완하고, 개인 수련을 넘어 단체의 훈련과 국민 전체의 건강을 위한 체육으로 발전시키려고 하였다.

전통 도인양생술이었던 팔단금은 바로 이러한 변화를 잘 보여주는 사례다. 팔단금은 명청 시대까지는 좌식 위주의 훈련법이었으나, 청말 민국 시기에는 좌식의 훈련법이 사라지고 입식 훈련법 위주로 변했다. 팔단금이 민국 시대의 사회 변화 속에서도 지속되고 영향력을 행사할 수 있었던 것은 '체조'의 형식으로 바뀌며 신체 단련에 도움이 되는 운동으로 인정받았기 때문이다. 본래 앉아서 하는 좌식 수련법이었으나 입식 수련법으로 변화한 것도 동적인 움직임을 추가하여 체조에 걸맞은 모습으로 바꾸기 위해서였다고 보인다. 팔단금은 개인의 신체 단련으로 사랑받기도 했지만, 구령에 맞춰서 일사불란하게 같은 동작을 수행하는 단체 운동으로도 활용되었다. 팔단금이 학교의 체육 교육에 포함되거나 건신회 등 단체의 신체 단련법으로 선택되고 '국수체조(國粹體操)'라는 정체성을 얻게 된 것은 팔단금이 중국 사회가 요구하는 근대 체육의 조건에 잘 적응하고 '국민 체육'으로까지 발전하였기 때문이라고 생각한다.

돌봄의 질 향상을 위한 의료인-환자 관계*

이은영

경희대학교 인문학연구원 HK+통합의료인문학연구단 전 HK연구교수

---

* 이 글은 「자리이타의 호혜적 의료인-환자 관계」(『동아시아불교문화』 55, 2023)를 수
  정·보완한 것이다.

1. 서론

질병으로 심신이 취약해진 환자에게 의료인[1]은 치료와 돌봄을 제공하는 사람이자 가장 밀접하게 교류하는 사람이다. 따라서 의료인과 환자가 맺는 관계의 방식은 치료를 넘어서 환자의 삶 전체, 때로는 죽음에 이르는 그 절박한 순간에까지 큰 영향을 미친다. 이처럼 의료인과 환자의 관계는 출생, 질병 치료, 죽음을 주로 병원이라는 공간에서 경험할 정도로 삶에서 의료가 차지하는 비중이 높은 현대인에게 가장 중요한 인간관계 중 하나이다.

그러나 병원은 질병과 고통, 죽음이 일상인 공간이다. 그래서 의료인이 아닌 사람들에게 질병과 치료, 죽음은 비일상적인 사건이지만 의료인에게 그것들은 일상이다. 인생에서 가장 절박하고 큰 문제에 맞닥뜨린 환자와 보호자는 그러한 문제들을 매양 있는 예사로운 일처럼 대하는 의사와

---

[1] 현행 의료법상 '의료인'은 '보건복지부장관의 면허를 받은 의사, 치과의사, 한의사, 조산사 및 간호사'를 가리킨다. 그러나 여기에서는 '의료인'을 의료법상의 '의료인'뿐만 아니라 환자를 간병하는 일을 하는 간병인까지 포함하는 의미로 사용했다.

간호사, 간병인의 태도에 상처받곤 한다. 환자는 그들 앞에서 한 인격체로서의 개성을 잃고 환자 번호가 적힌 사물이 되어 버린다.

　이렇게 된 데에는 근현대의 생의학적 의학의 영향이 크다. 생의학적 의학은 놀라운 의학적 성과를 가져오긴 했지만, 인간을 치료한다는 명분으로 인간으로부터 멀어져 갔다. 의학의 대상으로서의 인간은 그를 구성하는 여러 장기, 그리고 질병 상태나 치료 효과를 드러내는 각종 수치로 환원되어 도리어 전체로서의 한 인간은 사라지다시피 한다. 그러나 의학이 궁극적으로 목적하는 바는 단지 질병의 제거나 치료가 아니라 그 질병을 가진 인간의 고통을 완화하고 제거하는 것이 아니겠는가? 생의학적 의학을 반성하며 인간적인 의료를 실현해야 한다는 요청은 이러한 문제의식에서 나왔다. 이제 질병 치료를 넘어서 더 인간적인 의료, 더 나은 돌봄을 모색할 필요가 있다. 그리고 이러한 모색의 한 가지 방식은 의료인과 환자의 관계를 반성하고 더 나은 관계를 모색하는 것이다.

　의료인과 환자의 관계를 반성하고 더 나은 관계를 모색하는 기존 연구들은 대개 서양 철학이나 서양 윤리를 기반으로 한 것들이었다. 국내 연구도 대개 서양의 이론을 국내에 소개하거나 비판, 발전시키는 것이 대다수이다.[2] 동양의 의학과 사상, 한국 사회의 맥락에서 의료인과 환자의 관계를 살펴보는 연구는 미흡하며, 대개는 의료커뮤니케이션 측면에서의

2　윤리적인 관점에서 의사와 환자의 관계를 논한 대표적인 연구는 로버트 비치(Rovert Veatch)의 연구이다. 그는 기술자 모델, 성직자 모델, 협조자 모델, 계약자 모델로 의사-환자 관계를 분류했다. (목광수·류재한(2013), 188.) 이를 필두로 윤리학자들은 다양한 의사-환자 관계 모델을 분류하고 바람직한 관계 모델을 제시했다.

접근일 뿐이다.[3] 이러한 상황에서 불교 등 동양 사상을 바탕으로 하여 의료인과 환자의 관계를 논하는 연구는 새로운 관점에서의 접근이며 한국인에게 익숙한 논의라는 데 의의가 있다. 여기에서는 오랫동안 한국의 전통 사상과 문화를 형성해 왔으며, 현재에도 여전히 영향을 미치고 있는 불교 윤리를 바탕으로 하여 인간적이며 바람직한 의료인-환자 관계를 모색하고자 한다. 이러한 모색이 치료를 넘어서 돌봄의 질을 향상시키는 데 기여할 수 있으리라 기대한다.

2. 의료인과 환자의 관계

우리가 쉽게 떠올릴 수 있는 전통 시대의 의료인과 환자의 관계는 온정적 간섭주의(Paternalism) 관계이다.[4] 이 관계는 마치 부모-자녀의 관계와 같은 것으로, 의료인은 부모의 역할, 그중에서도 특히 아버지 역할을 맡고 환자는 아픈 아이 역할을 맡는다. 마치 아이가 어른이 하는 일에 서툰

---

3   한의학 중 특히 사상의학에서의 의사-환자 관계를 고찰하는 반덕진·박성식(2008), 한국 사회의 맥락에서 의사-환자 관계를 고찰하는 연구인 왕혜숙(2021), 생명의료윤리의 원칙들 중 자율성 원칙을 한국의 의사-환자 관계 맥락에서 살펴보는 김정아(2021)의 연구 등이 있다.
4   Paternalism은 국내에서 '온정적 간섭주의' 외에 '온정주의', '가부장주의', '부권주의' 등으로 번역된다. 여기에서 서술한 의료인-환자 관계는 본래는 의사-환자 관계로 논의된 것이지만, 이 글에서는 의사를 포함한 '의료인'과 환자의 관계로 확장해서 논의하겠다. 세부적으로는 의사, 간호사, 간병인의 윤리, 그들과 환자의 윤리에 차이가 있겠지만, 이 글에서 다루는 논의는 '의료인' 일반의 윤리로 설정해도 무리가 없는 내용이기 때문이다.

것처럼 환자도 질병으로 인해 그러하다. 그래서 아이가 부모의 도움으로 성장하는 것처럼, 환자도 의료인의 도움으로 건강을 회복한다. 온정적 간섭주의는 환자에게 무엇이 최선인지를 의료인이 환자보다 더 잘 알고 있다는 생각, 그래서 환자 자신의 가치 기준에는 좋지 않은 것이라 할지라도 의학적으로 좋은 것을 환자에게 행해야 한다는 생각에 입각한 것이다. 따라서 온정적 간섭주의 관계에서 의료인과 환자는 비대칭적인 관계, 즉 의료적 결정을 내릴 때 의료인에게 더 힘이 실려 있는 관계이다. 의료인은 지시하는 위치에 있고 환자는 수동적으로 따르는 위치에 있다.[5]

그러나 환자의 이익을 위한다는 이유로 의료인에게 치료 결정 권한을 더 부여하는 온정적 간섭주의는 환자의 자율성을 침해한다는 문제가 있다. 생명의료윤리 4대 원칙 중 하나가 자율성 존중의 원칙일 정도로 현대 의료에서 환자의 자율성은 소홀히 다룰 수 없는 요소이다.[6] 환자가 한 인간으로서의 자율성을 갖고 자신의 질병과 치료 과정에 대한 정보를 의료인으로부터 정확히 전달받고, 이를 숙지한 상태에서 치료 방법 등에 대해 스스로 판단하고 결정을 내리는 것은 단순히 질병 치료의 효과 여부를 떠나 의료에서 점점 중요해지고 있다. 따라서 비록 선의에 의한 것일지라도, 즉 '온정'적인 마음에서 비롯된 것일지라도 부모처럼 환자를 '간섭'하

---

5   James A. Marcum, *An Introductory Philosophy of Medicine: Humanizing Modern Medicine*, Springer, 2008, pp. 280-282 참조.

6   자율성 존중의 원칙은 미국의 생명의료윤리학자 비첨(Beauchamp)과 칠드레스(Childress)가 제시한 생명의료윤리 4대 원칙 중의 하나로서 자율적인 결정을 존중하고 지지하라는 원칙이다. 나머지 세 개의 원칙은 해악 금지의 원칙, 선행의 원칙, 정의의 원칙이다. Beauchamp, T. L. & Childress, 『생명의료윤리의 원칙들』 제6판, 박찬구 외 역, 부크크, 2017, 25쪽.

고 환자의 자율성을 침해할 우려가 있는 온정적 간섭주의는 질병을 겪는 주체인 환자가 아니라 의료인이 중심이 되는 관계로서 더 이상 이상적인 의료인-환자 관계로 옹호될 수 없다.[7]

한편 20세기 중반 의학이 과학, 적어도 응용과학이 되면서 의료인과 환자의 관계는 기술자와 기계의 관계처럼 되었다. 기술자로서의 의료인은 환자의 신체를 일종의 기계로 보고, 의료의 과학적인 문제 해결 측면을 강조한다. 자동차를 수리하는 자동차 정비공처럼 이 관계에서 의료인은 신체라는 기계를 수리하는 기계공 혹은 기술자다. 이러한 관계에서 의료인은 환자가 겪는 질환과 고통의 전체적인 경험에는 관심이 없고 신체의 병든 부위에만 관심을 기울인다. 즉 신체라는 기계의 고장 난 부분, 그리고 그것의 수리만이 의료인의 관심사인 것이다. 그래서 의료인은 그 질병과 함께 살아가거나 혹은 죽을 수도 있는 환자의 인격이나 경험까지 보려 하지는 않으며, 환자에게서 의학적 관심사만 재빨리 추출하려 한다. 그리고 과학적으로 정확하게 진단하기 위해 환자의 가치를 무시하고 과학적 사실에만 근거하려 한다.[8]

이러한 의료인-환자 관계가 생의학적 의학이 눈부신 발전을 하던 시대에 의학 교육과 의료 현장에서 권장되던 관계라는 점은 미국 드라마의 한 장면에서도 확인할 수 있다. 2016년 방영된 미국의 의학 드라마 〈그레이 아나토미(Grey's Anatomy)〉 13시즌 8화에서는 심각한 부상을 입은 신원 미상 환자의 수술대 앞에서 수술 방법을 두고 의사들이 옥신각신하는 장면

---

7   장동익, 「계약 개념과 의사와 환자의 관계 모델」, 『인문과학』 51, 2013, 169-170쪽 참조.
8   Marcum, *op. cit.*, pp.284-285; 장동익, 앞의 논문, 171-172쪽 참조.

이 나온다. 그들의 모습은 마치 고장 난 기계를 앞에 두고 그것을 어떻게 수리해야 할지 싸우는 사람들 같다. 이 모습에 연장자인 다른 의사는 그들이 기계나 로봇처럼 굴고 있다고, 환자를 장기가 담긴 상자처럼 다루고 있다고 비난한다. 그는 자신이 의과대학에서 받은 교육이 어떠했는지, 그 결과 자신이 수술대 위에서 환자를 잃은 후 그 소식을 가족에게 알리는 상황에서도 얼마나 감정이 메말라 있었는지를 다음과 같이 토로한다.[9]

> 환자와 심적 거리를 유지하라고 배웠거든. 조직(tissue)은 조직일 뿐이고, 얼굴은 덮고 바닥은 피로 엉망이 됐었지. 수술에 완전히 집중하며 환자를 마네킹으로 생각하랬어 … 〈중략〉 … 하루는 수술하다가 수술대 위에서 환자를 잃었어. 가족에게 가서 끔찍한 이야기를 전해야 했지. 그런데 아무렇지 않았어. 눈앞에서 가족이 오열하며 서로 끌어안는데도 아무런 감정도 느낄 수 없었어. 어머니와 같은 병으로 그 환자가 사망했거든. 난 로봇이었지.

그 의사는 이후로 그가 대하는 환자의 삶에 대해 알려 하고, 신원 미상의 환자라면 그 사람의 이름과 가족과 직업, 일상의 소소한 삶을 상상하며 자신과 마찬가지의, 혹은 자신의 어머니와 마찬가지의 한 인간으로 상상하려 했다. 그것을 규칙으로 삼았으며, 그는 이러한 규칙이 자신을 더 좋은 의사로 만들어 주었다고 믿었다. 감정 없이 환자를 기계처럼 대하고, 환자의 병든 부위를 기계 부품처럼 대하는 과정에서 환자만 기계가 되는 것이 아니다. 의료인 또한 치료 기계가 된다. 따라서 환자를 자신과

9   HK+통합의료인문학연구단, 『코로나19 데카메론』 2, 모시는사람들, 2021, 151쪽.

마찬가지의 한 인간으로 생각하는 것은 환자의 존엄성을 지켜 주거나 환자의 치료에 더 열성이게 만들어 주는 효과만 있는 것이 아니다. 이를 통해 의료인 또한 의료 지식과 기술만을 가진 기계가 아니라 감정도 가진 온전한 한 인간이 될 수 있다.

또한 의료가 현대 사회에서 큰 사업이 되면서 병원과 의료인, 제약 회사들은 그들의 상품인 의료를 환자에게 홍보하고 판매한다. 그러면서 의료인과 환자의 관계는 비즈니스 관계처럼 되어 갔다. 의료인은 의료 서비스라는 상품의 공급자 혹은 판매자이고, 환자는 구매자가 되며, 환자는 자신을 만족시킬 의료인을 찾아 의료 쇼핑을 한다. 이 관계에서는 시장 논리로 의료라는 상품의 판매와 구매가 이루어질 뿐 의료인과 환자가 인간적인 신뢰를 쌓으려 하지 않는다.[10] 이처럼 근현대에 의학이 응용과학을 자처하고 의료가 상품화하면서 의료인과 환자 관계는 비인간화되었다. 환자는 인간이 아니라 기계 혹은 화폐로 사물화되었다. 의료인은 신체라는 기계를 수리하는 기술자, '의료'라는 상품을 파는 상인, 혹은 상품 그 자체가 되었다.[11]

그러나 인간은 자동차나 기계가 아니며 상품이나 화폐도 아니다. 인간은 부품만 교체하거나 한 부분을 수리한다고 해서 원상태로 돌아가는 그런 존재가 아니며, 상품이나 화폐로 환원될 수 있는 존재가 아니다. 인간

---

10 Marcum, *op. cit.*, pp. 288-289.
11 김종우는 오늘날 의사-환자 관계의 비인간화 경향이 사람 자체보다는 질병 중심의 의료 문화가 되는 것, 기껏해야 비대칭적인 권력관계인 온정주의적 시각으로 인간관계를 왜곡하는 것, 의사와 환자 사이의 의사소통의 어려움과 상호 몰이해 세 가지 측면에서 드러난다고 한다. 김종우, 『의학적 상황에서의 고통관에 대한 전인적 성찰-과학주의에 대한 종교-철학적 비판을 통하여』, 연세대학교 대학원 신학과 박사학위논문, 2002, 140쪽.

을 대상으로 그것도 취약한 상태의 인간을 대상으로 하기 때문에 그 존엄성을 침해 할 우려가 큰 의료는 그 본질상 도덕적 성격이 있다. 즉 "의학은 치료받는 사람의 안녕과 복지에 일차적 관심을 가지기 때문에 본질적으로 도덕적 사업이라고 할 수 있다."[12] 의료인은 단지 질병을 치료하는 것이 아니라 인간을 치료한다는 점에서 의학 본래의 도덕적 임무를 이행하고 있는 것이며,[13] 그런 점에서 도덕적 가치로부터 자유로울 수 없다. 마치 성직자나 교사에게는 다른 직업군과 다른 사명감과 윤리가 요구되는 것처럼, 의료인에게는 '의료'라는 것의 도덕적 본질로부터 나오는 윤리가 필요하다.

게다가 질병과 죽음은 한 인간에게 실존적 불안[14]을 일깨우는 상황이다. 질병과 죽음의 위협 앞에서 인간은 자신이 취약한 존재이며 쇠약해지고 죽을 존재라는 사실을 직시하게 된다. 그 사실은 의료인이든 환자든 인간이라면 누구나 늘 공유하고 있는 것이지만, 의료적 만남은 그 사실을 직시할 수밖에 없는 상황에서의 만남이다. 따라서 의료인과 환자의 만남은 인간, 특히 가장 절실하게 실존적 불안을 겪는 상황에 처한 인간과의 만남이라는 점에서 더욱 윤리적 책임과 무게를 피할 수 없다.

---

12   에릭 카셀, 『고통받는 환자와 인간에게서 멀어진 의사를 위하여』, 강신익 역, 코기토, 2002, 85쪽.
13   Marcum, *op. cit.*, p. 278.
14   여기에서 '실존적 불안'이라 칭한 것의 불교적 개념은 '둑카(苦, duḥkha)'이다. 하이데거의 '실존적 불안'과 불교의 '둑카'의 비교가 유의미하리라 예측하지만, 이 글에서는 하이데거 철학의 개념으로서 '실존적 불안'을 사용한 것은 아니다.

3. 자리이타의 호혜적 의료인-환자 관계

그렇다면 인간적인 의료인-환자 관계를 실현하기 위해, 이를 통해 인간적인 의료를 회복하기 위해 어떻게 해야 할까? 여기에서는 더 나은 의료인과 환자 관계로서 불교 윤리에 착안하여 자리이타(自利利他)의 호혜적 의료인-환자 관계를 제안하고자 한다. 자리이타는 자비를 통해 자기완성에 도달한다는 대승불교의 윤리적 이상이다. 무아(無我)와 연기(緣起)는 불교에서 깨달아야 할 진리를 구성하는 내용이다. 초기 불교에서는 다른 것에 의지해서 존재하기 때문에[緣起] 자아는 실체성이 없다[無我]고 주장했다. 그래서 무아와 연기를 모르는 어리석음[癡], 그 어리석음으로 인해 자신의 이익을 탐하고[貪], 그 과정에서 타인을 증오하거나 해치는[瞋] 것은 결국 나를 고통스럽게 만드는 번뇌들로서, 이 번뇌들을 없애야 모든 고통이 소멸한 열반에 이를 수 있다. 초기 불교는 이렇게 자아를 해체함으로써 자신의 욕망을 줄이고 타인에게도 해를 끼치지 않는 윤리를 추구했기에 적극적으로 타인에 대한 자비를 강조하지는 않았다.

그러나 대승불교는 해체함으로써 자아의 실체성을 부정하는 방식이 아니라, 무수히 관계 맺고 있는 다른 것들로까지 확장함으로써 자아의 실체성을 부정하는 방식을 취한다. 그래서 대승불교에서는 자기와 타인을 둘이 아닌 관계, 즉 자타불이(自他不二)의 관계로 본다. 세계 전체는 한 송이 꽃과 같고[世界一花], 나와 타인은 별개의 존재가 아니다. 그래서 단지 자아가 실체적으로 존재한다는 어리석음, 그로 인한 욕망과 증오를 줄이는 정도의 수행에서 더 나아가 자타불이의 지혜를 깨닫고[智] 자애의 마음으로 타인에게 적극적으로 이로움을 주며[慈], 연민의 마음으로 타인에게 적극적으로 해로움이나 고통을 제거해 주려는[悲] 윤리를 추구하게 된다. 이렇게 해서 대승불교에서 자비는 수행의 가장 중요한 요소가 된다.

이처럼 대승불교의 윤리적 이상은 "중생이 아프니 나도 아프다."라고 한 유마거사의 말처럼 나와 남을 한 몸처럼 여기는 '동체대비(同體大悲)'의 마음을 갖고 그에 부응하는 실천을 하는 것이다.[15] 내가 병이 나으려면 나와 한 몸이나 마찬가지인 다른 중생이 나아야 한다. 그러니 나를 잊다시피 하고 타인을 위해 애쓰는 것이 결국 나에게도 진정으로 이로운 것이 된다. 깨달아 열반에 이르는 것은 내게 이로운 것이고[自利], 자비를 행하는 것은 타인에게 이로운 것인데[利他], '자타불이'의 깨달음이 완성되어 갈수록 타인을 위한 자비는 애써서 하는 것이 아니라 내가 나를 위하듯 자연스러운 것이 된다. 자타불이, 자리이타에 대한 앎이 지성적 깨달음이라면, 자비심은 그것을 정서적으로 체화하고, 자비행은 실천적으로 체화하는 것이기 때문에 깨달음과 자비는 상호 보완적이다. 대승불교의 이상적 인간상인 보살은 바로 깨달음과 자비를 완성한 자, 그래서 불교적 자기완성에 이른 자이자 타인을 이롭게 하는 자이다. 우리는 흔히 이기적이면 이타적일 수 없고, 이타적이면 이기적일 수 없다고 생각하기 쉽다. 그러나 불교의 자리이타 윤리는 호혜성이 가능하며, 또한 호혜성을 추구해야만 한다는 것을 말한다. 타인을 위한 자비를 통해 나를 위한 자기완성

---

15 『유마경』에서 유마거사는 자신을 병문안 온 보살과 성문승들에게 다른 중생과 자신을 동일시하며 중생이 병들었기 때문에 자신도 병든 것이라고 한다. 중생이 낫도록 애쓰는 것이 곧 자신의 병도 낫는 길이다. 『유마힐소설경』(T14, 544b), "일체 중생이 병들어 있으므로 나도 병들었습니다. 만약 일체 중생의 병이 사라진다면 그때 나의 병도 사라질 것입니다(以一切衆生病是故我病. 若一切衆生病滅則我病滅)."

에 도달할 수 있으며, 자기완성에 가까워질수록 타인을 위한 자비도 더욱 온전해진다.

그러나 이러한 관계는 자비의 수행을 하는 자가 도움을 필요로 하는 자에게 일방적으로 시혜를 베푸는 비대칭적 관계가 아닐까? 도움을 줌으로써 결과적으로 수행자에게 자기완성이라는 이익이 생긴다 해도, 이 과정에서 도움받는 자는 수동적인 역할에 머무르는 것 아닌가? 스스로 깨달아 열반에 이르는 자력적 성격이 강한 불교는 불보살의 자비에 의한 구제를 강조하는 대승불교에서 타력적인 성격이 강해졌다. 그럼에도 불구하고 불보살은 중생이 깨닫도록, 고통에서 벗어나도록 도와주는 자일 뿐, 깨달음이나 열반에 실제로 도달하는 것은 대승불교에서도 여전히 중생 자신의 몫이다. 불보살이나 수행자는 도움을 줄 뿐 결국 고통에서 벗어나는 주체는 중생이다.

의료의 경우, 환자는 질병으로 취약한 상태에 처해 치료와 돌봄이라는 도움을 필요로 하는 자이고, 의료인은 그런 환자를 도와줄 수 있는 능력과 위치에 있는 자이다. 불교적 관점에서 의료인은 환자에게 이로운 자비를 행함으로써 자신에게 이로운 자기완성도 이룰 수 있는 좋은 조건을 갖추고 있다. 만약 의료인이 불교도거나 자리이타의 불교 윤리에 공감하는 사람이라면 환자에 대한 자비로운 치료와 돌봄의 실천을 통해 자기완성을 이룬다는 윤리에 비교적 쉽게 동조할 수 있을 것이다. 그러나 이것을 불교에 대한 믿음이나 공감을 떠나 의료인이 일반적으로 따를 만한 윤리, 혹은 의료인-환자 관계로 제안할 수 있을까? 의료인과 환자가 본질적으로 자리이타의 호혜적 관계임을 밝힐 수 있다면, 불교에 대한 믿음이나 수용을 넘어서 일반적인 의료인의 윤리로 제안하는 것이 가능할 것이다.

물론 한쪽은 치료와 돌봄을 제공하고 다른 쪽은 그 대가로 물질적 보상을 한다는 점에서 의료인과 환자는 호혜적 관계라 할 수 있다. 이러한 호혜성은 상품의 매매를 하는 경우의 호혜성과 마찬가지이다. 그렇지만 의료인과 환자는 이렇게 피상적인 호혜성을 넘어서서 서로의 실존적 불안, 불교적 표현으로 '둑카(苦, duḥkha)'를 치유하는 도움을 준다는 점에서 호혜적이다. 당장 질병을 겪거나 죽음의 위협에 처하지 않았다 하더라도 의료인 또한 한 인간으로서 실존적 불안이라는 병을 앓고 있는 존재이다. 따라서 의료인에게 환자는 대개 질병이나 죽음의 위협에 처했을 때에야 비로소 직시하게 되는 그 사실을 알려 주는, 그래서 실존적 불안으로부터 벗어날 수 있는 길을 열어 주는 존재이다. 환자가 질병 및 죽음과 싸워 나가거나 받아들이는 과정에 동참함으로써, 의료인은 자신 또한 질병과 죽음을 겪을 수밖에 없는 존재라는 것을 인식하게 되며, 일상의 단편적인 일들에 몰두하던 것에서 벗어나 삶을 전체적으로 성찰할 수 있다. 의료인은 환자와의 만남을 통해 생로병사를 겪는 자신의 전체적인 삶을 성찰하고 삶에 대한 근본적인 질문, 즉 자신이 어떻게 살아야 하는가를 고민하고 그에 맞춰 삶을 살아가도록 노력할 수 있는 기회를 얻게 되는 것이다. 이를 통해 의료인의 자기완성이 가능해진다. 또한 이렇게 해서 삶과 죽음에 대한 의료인의 성찰이 깊어질수록, 그래서 자기완성에 도달할수록 의료인은 환자에게 의학적 치료와 돌봄 이상의 실존적 불안의 해소를 돕는 역할을 할 수 있다. 인간의 고통을 치료하려는 의학의 목적에 더욱 충실해지는 것이다.

　　따라서 의료인과 환자의 관계는 인간으로서의 실존적 불안을 함께 겪는 존재, 서로의 불안을 치유하는 호혜적 관계로서 서로에게 의료인이자 환자인 동등한 관계이다. 의료인은 환자에게 일방적으로 시혜를 베풀거나 환자를 위해 희생하는 존재가 아니며, 환자도 일방적으로 도움을 받는 존재가 아니다. 이러한 인식을 바탕으로 했을 때 의료인의 의학적인 치료와 돌봄도 동일한 아픔을 겪는 동등한 인간에 대한 존중을 바탕으로 하고, 인간애와 동료애에 기반하여 실행하는 것이 될 수 있을 것이다.

이러한 자리이타의 호혜적 의료인-환자 관계를 하나의 명칭으로 표현하자면 '도반(道伴, āvuso) 관계'라 칭할 수 있다. '도반'이란 불교에서 함께 수행하며 서로의 수행을 돕는 동료 혹은 벗을 의미한다. '도반'이라는 용어를 불교를 떠나 일반적인 의미로 확장하자면 '우정과 신의를 갖고 서로의 인간적 성장을 돕는 자'라 할 수 있겠다. 즉 도반 관계는 서로를 이롭게 하는 호혜적 관계이다. 의료인과 환자는 서로에게 이로움을 주되 각자 평등하고 주체적이다. 의사와 환자가 서로를 도반으로 인식하고 존중할 때 그 만남은 인간적인 것이며 서로에게 진정으로 이로운 것이 될 것이다.[16]

여기에서는 불교 윤리에 착안하여 자리이타의 호혜적 관계를 제안했지만, 이 관계는 일반적인 의료인-환자 관계에도 적용시킬 수 있다. 불교도이거나 불교 사상에 동조하는 의료인이라면 자기완성의 내용에 불교적 이상이 반영될 것이며, 유교 사상이나 도가 사상 혹은 그 외의 동서양의 다른 철학이나 종교에 공감하는 의료인이라면 그것을 자기완성의 내용에

---

16 이미 자기완성을 실현한 자로서의 불보살과 중생의 관계는 일방적으로 불보살이 고통받는 중생에게 시혜를 베푸는 온정적 간섭주의에 가까워 보인다. 그러나 여기에서 말한 자리이타의 호혜적 관계 혹은 도반 관계는 이미 완성된 자가 아니라, 아직 완성해 나가는 수행 과정 중에 있는 자들 간의 평등하고 서로를 성장시키는 관계를 가리킨다.

반영할 것이다.[17]

4. 『사랑』, 『박명』, 『아제아제바리아제』에 나타난 의료인-환자 관계

앞에서 논한 자리이타의 호혜적 의료인-환자 관계는 구체적으로 어떠한 형태로 나타날까? 우리는 이러한 관계가 나타난 한국 근현대의 문학과 영화를 통해 그 구체적 모습을 파악할 수 있다. 먼저 이광수는 1938년작 장편소설『사랑』에서 의사 안빈, 간호사 석순옥을 통해 환자에 대한 자비로운 치료와 간병이 의료인을 자기완성에 이르게 하는 일종의 수행임을, 그래서 의료인 자신에게도 이롭고 환자에게도 이로운 것임을 보여주었다.[18] 소설의 전반부에서는 간호사였다가 중반부 이후 의사로 활동하는 주인공 석순옥은 환자를 치료하고 돌보는 과정을 통해 인간적으로 성장하는, 즉 자기완성을 향해 나아가는 인물로 그려졌다. 소설의 제목인 '사랑'에는 위계가 있는데, 가장 최상의 사랑, 즉 '사랑의 극치'는 '부처님의 사

---

17 이러한 의료인-환자 관계에 대한 주장은 생로병사를 직접적으로 다루는 의료인은 인간의 삶과 죽음을 성찰하는 능력, 즉 철학적 성찰의 능력을 기본적 자질로 갖춰야 하며, 이 자질을 양성하는 교육을 의과대학과 간호대학 등 의료인을 양성하는 교육에 포함시켜야 한다는 것을 함축한다.

18 이광수의『사랑』에 나타난 의료윤리에 대해서는 이상덕・박성호・이은영, 「Creating the East Asian Medical Ethics Based on 'Buddhist-Christian Love'-Focused on Gwangsu Lee's "Love"」, 제2회 중한의료인문학국제학술대회 자료집, 2022, 134-141쪽을 참조할 것.

랑', '자비심의 황금색을 띤 사랑', 즉 불교의 '자비'이다.[19] 소설에서 의사 안빈, 그리고 안빈의 사상에 감화되어 교사를 그만두고 간호사가 된 석순옥은 환자들의 심신의 고통을 없애려는 목표를 갖고 자비심으로 환자를 치료하고 돌본다.

의사로서 안빈은 아미타불과 관세음보살을 모범으로 삼는다. 아미타불의 전신인 법장비구(法藏比丘)는 세자재왕불(世自在王佛) 앞에서 괴로움과 죽음이 없는 세계를 건설하기로 맹세했고, 그가 공덕을 쌓아 건설한 세계가 바로 괴로움과 죽음이 없는 안양세계(安養世界)이며 정토인 아미타불의 극락세계(極樂世界)이다. 관세음보살 또한 중생이던 시절에 '생로병사고(生老病死苦)'를 고치겠다는 큰 원을 세우고 공덕을 쌓아 마침내 '괴로운 중생에게 편안함을 주고 무서움 속에 사는 중생에게 겁 없음을' 주는 능력을 얻었다. 그래서 "관세음보살을 정성으로 염하는 자에게는 모든 괴로움-죽는 괴로움 속에서도 의지가 되어 주시는 것이다."[20] 원래 문사로 이름을 떨쳤던 안빈은 아미타불과 관세음보살처럼 "중생을 병의 괴로움에

---

19   작중인물 안빈이 불교의 인연론, 업보론, 수행론을 설파하는 등 이광수의 『사랑』, 그리고 이 소설에 나타난 의료윤리는 불교 사상을 바탕으로 하고 있음이 분명하다. 그러나 자기를 잊고 타인을 정성껏 돌보는 마음으로서의 최상의 사랑은 불교의 자비와 기독교의 사랑이 크게 다르지 않다. 소설의 자서(自序)에서 이광수는 "향상과 진화가 오직 우리가 짓는 업으로 되는 것을 믿는다."고 불교의 업보론에 따르면서도, 이어서 "고마우신 하느님은 이 우주가 인과율에 의하여 다스려지도록 지어 주셨다."라고 하여, 사상적으로도 불교와 기독교를 조화시키려 했다. 또한 소설에서는 북간도에서 병원을 운영하는 가톨릭 사제와 수녀들도 사랑의 모범을 보이는 인물들로 그려진다. 이러한 점에서 소설에서 '사랑'은 기본적으로 '불교적 자비'를 의미하되, 기독교적 사랑도 배제하지 않는 형태를 취하고 있다. 이광수, 『사랑』, 하서출판사, 2008, 11쪽.

20   『사랑』, 199-200쪽.

서 구해보겠다."는 바람으로 의사가 되었다. 안빈은 아미타불이나 관세음보살이 '우리와 동떨어진 신'이 아니라, '우리와 같은 피를 가진 중생'이라며, 그들이 힘없는 중생이면서도 괴로워하는 중생을 건지리라는 원을 세우고 끝없는 노력으로 마침내 원을 이룬 우리의 선배이자 스승이라 한다.[21] 이처럼 『사랑』에 나타난 이상적인 의료인은 병든 타인들을 치료하고 돌보아 그들을 고통으로부터 구제함으로써 평범한 한 사람에서 가장 완성된 사람으로 변모하는 의료인이다.

안빈은 붓다의 말이라며, 병을 고치는 데는 첫째로 '앓는 사람이 마음을 고요히 가지는' 섭심(攝心)이 중요하고, 둘째로 간병(看病), 셋째로 의약(醫藥)이 중요하다고 한다. 의약보다도 간병을 우선시하며 안빈은 의료인이 가져야 할 마음에 대해 다음과 같이 말한다.

친절이란 그렇게 중요한 것이 아니야. 겉으로 친절하지 아니한 간호부가 어디 있나? 속으로 병자를 사랑해야 돼요. 속으로 진정으로 말야. 그렇게 사랑하는 마음이 아니 생기고야 정말 친절이 나오나, 정성은 나오고? 병자란 의사와 간호부에 대해서는 대단히 예민하단 말야. 저 의사가 내게 정성이 있나 없나, 저 간호부가 정말 나를 위해 주나 아니하나, 그것만 생각하거든. 그래서 의사나 간호부가 지성으로 하는 것인지 건성으로 하는 것인지 병자들은 빤히 알고 있어요.[22]

---

21 『사랑』, 201쪽.
22 『사랑』, 121-122쪽.

이처럼 안빈은 단지 겉으로만 친절하거나 단순히 질병 치료와 돌봄을 제공하는 것을 넘어서 사랑의 극치, 즉 자비심이 담긴 치료와 돌봄을 의료인이 행해야 한다고 말한다. 바로 이러한 면에서 석순옥은 이상적인 의료인이다. 안빈의 처 옥남은 순옥의 정성스러운 간호를 받으며 순옥에게 '관세음보살' 같다고 찬사를 보낼 정도로[23] 소설에서 순옥의 간호는 흡사 불교 수행자나 보살의 자비행과 다름없는 것으로 그려진다. 순옥의 자비로운 간호로 옥남의 병은 호전된다. 그러나 이후 옥남은 유행성감기에 걸려 열이 오르고 결핵균이 검출된다. 병이 깊어진 옥남은 순옥의 정성 어린 간호에 의지하며 위로를 받지만, 결국 옥남은 치료되지 못하고 죽음에 이르게 된다. 그러나 그 마음은 안빈과 순옥의 자비로운 치료와 간병으로 섭심, 즉 '앓는 사람이 마음을 고요히 가지는'[24] 상태였다. 그래서 죽음의 순간에도 옥남의 마음은 고통과 두려움 없이 평안했다.

이 자비를 바탕으로 한 의료는 자신을 잊어버리고 타인만을 위하는 것을 특징으로 한다. 이기욕(利己慾)을 벗어난 경지의 마음이기 때문이다. 소설에서 의사 안빈의 경우는 이미 자기완성에 도달한 사람처럼 묘사되어서 의료를 행하는 것이 곧 수행의 과정이라는 점이 잘 드러나지 않는다.[25] 그러나 순옥의 경우는 타인을 돌보고 치료하는 과정이 곧 자기완성을 향한 수행의 과정임이 잘 드러난다. 혈액 속 아우라몬(Auramon)[26]의 존

---

23 『사랑』, 166쪽.
24 『사랑』, 121쪽.
25 물론 안빈도 법장비구가 이타적인 수행을 통해 아미타불이 되었듯이 완성에 도달하기까지의 수행 과정이 있었을 것이지만 소설에서는 그가 이미 수행을 완성한 상태로 나타난다.
26 '아우라몬'은 라틴어로 금을 의미하는 아우르스(Aurus)와 사랑을 의미하는 아모르

재로 순옥에게 최상의 사랑을 펼칠 수 있는 자질이 있음이 입증되긴 하나, 이러한 경지의 마음이 순옥도 늘, 모든 사람에 대해, 모든 상황에서 쉬운 것은 아니다. 남편에 대한 배신감으로 괴로워하던 순옥에게 안빈은 '자비심이란 저를 잊어버리는 것이니까'[27]라며, 순옥 자신을 잊어버리고 오직 남편인 허영과 그의 내연녀 이귀득, 그리고 그 둘 사이의 아이인 섭이만 생각하라고 한다. 그들을 불쌍히 여기고 보호하며 그들이 원하는 대로 해 주라고 한다. 실제로 의사 면허를 취득한 순옥은 자신을 배신한 남편과 은혜를 원수로 갚은 셈인 남편의 내연녀까지도 극진히 치료하고 간병한다. 순옥은 이 수난과도 같은 자비의 수행을 통해 자신을 완성해 나갈 수 있었다. 나를 잊고 타인만을 생각하며 치료하고 돌봄으로써, 즉 타인을 이롭게 하는 과정을 통해 순옥은 점점 자신에게 가장 이로운 일인 자기완성에 가까이 다가갈 수 있었던 것이다.

한용운은 소설 『박명(薄命)』(1938-1939)에서 불교적 간병을 묘사했다. 주인공 순영은 생명의 은인 대철에게 은혜를 갚고자 하는 마음을 가지고 그와 결혼하지만 대철은 순영을 배신하고 계속 시련만 준다. 그러나 어느 날 대철과 이혼한 순영 앞에 병에 걸리고 마약중독자가 된 그가 다시 나타나는데, 순영은 자신에게 많은 고통을 준 대철을 가엾게 여긴다.[28]

(Amor)를 합친 단어이다. 혈액 속 아우라몬은 순수한 자비심에 이른 상태에서 검출된다.

27 『사랑』, 419쪽.

28   공혜정 · 박성호 · 양영순 · 이은영 · 이향아 · 정세권, 『환자란 무엇인가』, 모시는사람들, 2023, 23쪽.

사람으로서 맛보기 어려운 세상의 쓴맛을 골고루 맛보아서, 모든 일에 괴롭고 싫증이 난 적이 적은 바 아니었으나, 어쩐지 천지간에 의지할 곳이 없이 죽어 가는 대철을 자기의 목숨이 떨어지는 날까지 구원하여 주겠다는 한 줄기의 동정은 돌보다도 굳고 동아줄보다도 길었다.[29]

대철을 돌보느라 순영은 집과 재산을 모두 잃었고 결국 사직공원에서 구걸하며 살게 된다. 전남편을 간병하면서 그야말로 자신이 가진 모든 것을 잃은 것이다. 한용운은 소설에서 순영이 동냥하며 남편을 간병하는 모습을 다음과 같이 묘사했다.

순영은 한 어깨에는 자리를 메고 한 손에는 바가지를 들고 만호장안에 닥치는 대로 다니면서, 밥이나 쌀이나 돈이나 되는대로 얻어다가 두 입에 풀칠도 하고 옷가지도 해 입고, 대철의 주사약을 대고도 남은 것이 있으면 대철의 군것질까지도 시켜 주는 것이었다. 그리고 밤이 되면 대철의 곁에 누워 자면서 만사가 자유롭지 못한 대철의 시중을 하나에서 열까지 받아 주는 것이다.[30]

구걸하며 마약중독 남편을 돌보는 순영의 모습을 보고 사람들은 수군댔다. '아편쟁이 계집', '밤낮 얻으러 다니는 거지'라는 말이 순영의 귀에도 들려오곤 했다. 그래도 '병든 남편을 위하여 저렇게 고생을 하니 가엾은

29   한용운, 「박명」, 『한용운전집』 6, 불교문화연구원, 2006, 265쪽.
30   『박명』, 265쪽.

일'이라며 따뜻하게 밥이나 반찬을 주는 이들, 동정하여 도와주는 이들도 제법 있었다. 그러나 신여성들의 눈에 순영은 여성운동을 방해하는 봉건적인 열녀에 불과했다.[31]

그러나 순영이 대철에 대해 가지는 마음은 아내로서의 마음이 아니라 고통에 처한 다른 이에 대한 자타불이(自他不二)와 동체대비(同體大悲)의 마음이다. 순영은 '대철이 죽는 것은 곧 자기가 죽는 것이라 생각되어 차마 그대로 둘 수가 없었'으며, 이것은 '아내로서 남편을 섬기는 것'도, '손톱만큼이라도 장래를 바라는 것이 있어서 그러한 것'도 아니었다.[32] 순영의 자비심은 현실적으로는 자신을 구해 준 적이 있고 전남편이기도 했던 인연이 있는 대철 한 사람을 지극히 간병하는 것으로 나타났지만, 대철만이 아니라 어려움에 처한 모든 사람을 향해 있다. 그래서 순영은 "그이뿐 아니라 누구든지 사람이 그렇게 잘못하랴 싶고, 또 불쌍한 사람이 있으면 도와주고 싶고 그래요."라고 말한다.[33] 대철이 죽은 후 순영은 자신의 목숨을 구해 준 사람은 사실 대철이 아니라 환희사의 비구니 승려였다는 것을 알게 되고, 불교에 귀의한다. 한용운은 소설 속 덕암 스님의 설법을 통해 순영의 마음과 행위를 자비심과 자비행으로 해석했다.

세상 사람들은 선행(善行:, 순영의 법명) 수좌의 행한 일이 어째서 위대한 줄을 모를 것이다. 세상 사람들은 선행 수좌가 사람 같지 않은 남편을 위

---

31 공혜정 외, 앞의 책, 24-25쪽.
32 이향순, 「한용운의 박명에 나타난 보살도의 이상과 비구니의 근대성」, 『한국불교학』, 한국불교학회, 2008, 145쪽; 『박명』, 264쪽.
33 『박명』, 234쪽.

하였다든지, 못난이 아편쟁이를 위하여 일생을 희생하였다고 도리어 선행 수좌를 웃고 비평할는지는 모르는 일이다. 그러나 그것은 결단코 그렇지 아니하다. 선행 수좌가 김대철에게 행한 일은 순전히 아내로서 남편을 위한 것이라든지, 판단이 부족하고 못생겨서 무의식적으로 복종을 하였다든지 그러한 것은 아니다. 선행 수좌는 사람에게 가장 아름다운 순진한 보은의 관념과 불행한 사람을 불쌍히 여기는 아름다운 덕으로써 자기도 모르게 행한 것이다. … 〈중략〉 … 다만 아름다운 천품으로 세상 사람이 참을 수 없는 모든 고통을 참아 가면서, 은혜를 갚기 위하여 순진한 자비심으로 많은 성상(星霜)을 희생한 것이 어찌 위대하지 아니하리요.[34]

순영의 대철을 향한 이타적인 마음과 행위는 불교적 자비의 수행에 해당하며, 이것은 결국 타인만을 위한 것이 아니라 순영 자신을 완성시키는 보살도의 과정이기도 하다.

한승원의 소설 『아제아제바라아제』(1985) 및 이를 영화로 제작한 임권택 감독의 동명 영화 《아제아제바라아제》(1989)는 타인을 위한 자비의 길이 곧 열반으로 향하는 길임을 보여준다. 주인공 순녀는 간호전문대학을 다니다가 세속의 삶에 환멸을 느껴 출가했다. 청화라는 법명의 비구니가 된 순녀는 자살하려는 남자 박현우를 자비심으로 구해 준다. 그러나 목숨을 구해 준 박현우는 자신을 계속 구제해 달라며 절에 쫓아와서까지 매달렸고 결국 구설수에 오른 순녀는 절에서 쫓겨난다. 출가하여 불교적 구도를 하려던 순녀는 현우를 원망하며 따라나섰지만, "두고 봐요. 사람 만들

34 『박명』, 288-289쪽.

어 놓고 말테니까!" 라고 다짐하며 그를 구제하기 위해 최선을 다했다. 그러나 탄광이 무너져 현우는 죽고 이후에도 순녀는 다른 남자를 만나 다시 그 사람을 구제하기 위해 최선을 다한다.[35]

결국 그 남자마저 죽고. 순녀는 외딴섬에 들어가 간호사 생활을 한다. 섬에 콜레라가 퍼지자 다른 사람들은 환자의 토사물, 배설물에 비위가 상해 역겨워했다. 병이 옮을까 두려워 환자를 접하거나 돌보는 것을 꺼리기도 했다. 그러나 간호사 순녀는 전혀 거리낌 없이 온갖 오물을 치우고 환자들을 정성껏 간호했다. 섬에서 만나 결혼한 남편 송 기사가 일이 고되어서 차가 고장 났다고 거짓말한 사실을 알자마자 남편의 뺨을 때리며 화를 낼 정도로 순녀는 사람들을 간호하고 그들의 고통을 없애 주는 데 진심이다. 『아제아제바라아제』는 순녀가 재가 여성의 모습을 취하고, 세속에서 일반인들과 부대끼며 살고 있지만 열반에 도달하고자 애쓰는 다른 승려들보다도 더 진정한 자비의 수행을 하고 있으며, 그것이야말로 열반에 이르는 길임을 보여준다.[36]

이처럼 한국 근현대의 문학작품과 영화인 이광수의 『사랑』, 한용운의 『박명』, 한승원의 『아제아제바라아제(임권택 감독의 《아제아제바라아제》)』는 불교 사상을 바탕으로 하여 자리이타의 호혜적 의료인-환자 관계를 이상적인 관계로 묘사했다. 이는 불교를 바탕으로 한 이러한 의료인-환자 관계가 우리 문화에 익숙하고 호소력 있는 관계일 수 있음을 시사한다.

---

35   공혜정 외, 앞의 책, 28쪽.
36   공혜정 외, 앞의 책, 15, 29-30쪽 참고.

5. 결론

여기에서는 불교 윤리를 바탕으로 한 인간적인 의료인-환자 관계로서 자리이타의 호혜적 의료인-환자 관계를 제안했다. 의료인은 환자를 치료하고 돌봄으로써 환자에게 질병 치료와 건강 회복이라는 이익을 줄 뿐만 아니라[利他] 자신도 자기완성의 실현이라는 이익을 얻는다[自利]. 또한 서로의 실존적 불안[苦, duḥkha]을 치유한다는 점에서도 의료인과 환자의 관계는 호혜적이다. 이광수의 『사랑』, 한용운의 『박명』, 한승원의 『아제아제바라아제』와 임권택의 동명 영화 《아제아제바라아제》 등 한국 근현대의 문학과 영화에는 이러한 자리이타의 호혜적 의료인-환자 관계가 구체적으로 형상화되어 있다. 이 관계는 한국인의 문화와 정서에 익숙하고 호소력 있는 관계이며, 바람직한 의료인-환자 관계로서 현대에도 유효하다.

의료인은 질병으로 고통받고 죽어 가는 환자를 일상적으로 만나는 사람들이다. 그래서 한편으로는 실존적 불안에 눈뜨기 쉬운 환경에 놓여 있지만, 다른 한편으로는 일상화되었기에 오히려 둔감해질 수 있는 환경에 놓여 있다. 이광수는 『사랑』에서 의사 안빈을 통해 붓다의 가르침이라며 질병을 치료하는 데 가장 중요한 요소는 '섭심', 즉 마음이 흩어지지 않게 잘 다잡는 것이라고 했다. 간병이나 의약은 그다음으로 중요한 것들이다. 섭심한다고 해서 환자가 반드시 질병에서 낫는 것은 아니다. 그러나 섭심은 의학적 치료에 실패한 경우에도 죽음을 평온하게 받아들이도록 한다. 의학의 목적이 단지 질병의 물리적 제거가 아니라 결국 심신의 고통 완화 혹은 소멸이라면 섭심을 통해 질병에서 잘 회복하거나 치료 과정을 잘 견디는 것만큼이나 죽어 가는 과정에서 평온할 수 있는 것도 의학의 목적을 성취한 것이라 할 수 있다. 좋은 의료인은 간병이나 의료적 처치로 환자에게 이로움을 줄 뿐만 아니라 환자 스스로 섭심할 수 있도록 도와주어야 하며, 그러기 위해서 일상적으로 마주치는 생사의 절박한 상황들을 통해 스스로 섭심을 훈련해야 한다. 이를 통해 의료인과 환자는 각자 스스로, 그리고 서로에게 진정으로 이로울 수 있다.

의학의 발달로 과거에는 포기해야 했던 질병 중 상당수를 이제는 치료할 수 있게 되었다. 수십 년 전만 해도 의사의 암 판정은 곧 시한부 선고나 마찬가지였던 경우가 많았다. 그러나 이제는 많은 경우 치료받고 관리하며 수년, 수십 년을 더 삶을 지속할 수 있게 되었다. 한편으로 삶에서 의료의 도움을 받으며 살아가는 시간, 의료인과 접하는 시간도 많아졌다. 삶에서 돌봄을 필요로 하는 시간이 늘어났다. 그렇기에 돌봄의 질 향상은 곧 삶의 질 향상의 문제이다. 따라서 이제 질병과 싸우며 치료에 집중했던 의료는 돌봄의 질을 향상시키는 방향으로 시야를 넓힐 필요가 있다. 자리이타의 호혜적 의료인-환자 관계는 돌봄의 질을 향상시킬 수 있는 관계일 뿐만 아니라 의료인과 환자 모두에게 이로운 관계라고 생각한다.

정신병과 돌봄—현상학적 이해를 중심으로 _최우석

권석만. 『우울증』. 학지사. 2022.

네이어, 프라모드, K. 『프란츠 파농 새로운 인간』. 하상복 옮김. 앨피. 2015.

대한정신의학회. 『신경정신의학』. 아이앰이즈컴퍼니. 2017.

미국정신의학회. 『DSM-5 임상사례집』, 강진령 옮김, 학지사. 2021a.

미국정신의학회. 『정신질환의 진단 및 통계 편람』, 권준수 외 옮김. 학지사. 2021b.

박원명 외. 『우울증』. 시그마프레스. 2018.

이상혁 외. 「현대정신의학은 어떻게 우울증을 이해하고 있나?」. 『신경정신의학』. 2008.

랭, R.D. 『분열된 자기: 온전한 정신과 광기에 대한 연구』. 신창근 옮김. 문예출판사. 2016.

스타이런, W. 2002. 『보이는 어둠: 우울증에 대한 회고』. 임옥희 옮김. 문학동네. 2002.

아난타스와미, 아닐. 『나를 잃어버린 사람들: 뇌과학이 밝힌 인간 자아의 8가지 그림자』. 변지영 옮김. 더 퀘스트. 2023.

이남인. 『현상학과 해석학』. 서울대학교출판문화원. 2013.

이남인. 『현상학과 질적 연구: 응용현상학의 한 지평』. 한길사. 2018.

준코, 기타나카. 『우울증은 어떻게 병이 되었나?: 일본에서 우울증의 탄생』. 제소희 외 옮김. 사월의 책. 2023.

크레펠린, E. 『정신의학:의대생과 의사를 위한 교과서』. 홍성광 외 옮김. 아카넷. 2021.

Crowell, S. *Normativity and Phenomenology in Husserl and Heidegger.* New York: Cambridge University Press. 2013.

Drożdżowicz, A. "Increasing the Role of Phenomenology in Psychiatric Diagnosis - The Clinical Staging Approach". *The Journal of Medicine and Philosophy* 45. 2020.

Hartung, C.M., and Lefler, E.K. "Sex and Gender in Psychopathology: DSM-5 and Beyond. Psychological Bulletin. 2019. http://dx.doi.org/10.1037/bul0000183 : 1-20.

Husserl, E. Erfahrung und Urteil. ed. Ludwig Landgrebe, Academia Verlagsbuchhandlung, Prag. 1939.

Husserl, Edmund. *Cartesianische Meditationen und Pariser Vorträge.* ed. S. Strasser. Den Haag: Martinus Nijhoff. 1963.

Husserl, E. *Phänomenologische Psychologie: Vorlesungen Sommersemester 1925*. ed. Walter Biemel. Den Haag: Martinus Nijhoff. 1968.

Husserl, E. *Formale und transzendentale Logik. Versuch einer Kritik der logischen Vernunft*. ed. Paul Janssen. Den Haag: Martinus Nijhoff. 1974.

Husserl, E. *Ideen zu einer reinen Phänomenologie und phänomenologischen Philosophie. Erstes Buch: Allgemeine Einführung in die reine Phänomenologie*. ed. Karl Schumann. Den Haag: Martinus Nijhoff. 1976a.

Husserl, E. *Die Krisis der europäischen Wissenschaften und die transzendentale Phänomenologie*. ed. Walter Biemel. Den Haag: Martinus Nijhoff. 1976b.

Husserl, E. *Philosophie als strenge Wissenschaft*. ed. Eduard Marbach. Hamburg: Felix Meiner. 2009.

Husserl, E. *Grenzprobleme der Phänomenologie: Analysen des Unbewusstseins und der Instinkte. Metaphysik. Späte Ethik, Texte aus dem Nachlass (1908-1937)*, ed. Rochus Sowa & Tomas Vongher. Dordrecht/Heidelberg/New York/London: Springer Science+Business Media. 2013.

Laing, R.D. *The Politics of Experience and The Bird of Paradise*. Penguin Books. 1990.

Moustakas C. *Phenomenological Research Methods*. Sage. 1994.

Parnas, J. and Sass, L.A. "Varieties of "Phenomenology: On Description, Understanding, and Explanation in Psychiatry"", *Philosophical Issues in Psychiatry: Explanation, Phenomenology, and Nosology*. Ed., Kenneth S. Kendler, MD, Josef Parnas, MD. DrMedSci Johns Hopkins University Press. Baltimore. 2015.

Parnas, J. and Zahavi, D. "The Role of Phenomenology in Psychiatric Diagnosis and Classification", *Psychiatric Diagnosis and Classification*. Ed., Mario Maj, et al. John Wiley & Sons. 2002.

Steinbock, A. "Phenomenological concepts of normality and abnormality". *Man and World* 28. 1995.

Svenaeus, F. "A Defense of the Phenomenological Account of Health and Illness". *Journal of Medicine and Philosophy* 44. 2019.

Toombs, S.K. "Reflections on bodily change: the lived experience of disability". In S.K. Toombs(Ed.) *Handbook of Phenomenolgy and Medicine*. Kluwer Academic Publishers. 2001.

Waksler, F.C. 2001. "Medicine and the Phenomenological Method". In ed. S.K. Toombs. *Handbook of Phenomenolgy and Medicine*. Kluwer Academic Publishers. 2001.

Zahavi, D. "The practice of phenomenology", *Nursing Philosophy* 21-2. 2002.

Zahavi, D. & Loidolt, S. "Critical phenomenology and psychiatry". *Continental Philosophy*

Review 55. 2022.

「히로시마」에서의 '피폭자' 증언 속 의료인의 경험 _이동규

Alperovitz, Gar. *The Decision to Use the Atomic Bomb and the Architecture of an American Myth*, New York: A. A. Knopf. 1995.

Benedict, Ruth. *The Chrysanthemum and the Sword: Patterns of Japanese Culture*. Boston: Houghton Mifflin Company. 1946.

Bentley, Michael. *Companion to Historiography*. New York: Routledge. 1997.

Bernhard, Nancy E. *US Television News and Cold War Propaganda*. 1947-1960. New York: Cambridge University Press. 1999.

Boyer, Paul S. *By the Bomb's Early Light: American Thought and Culture at the Dawn of the Atomic Age*. Chapel Hill: University of North Carolina Press. 1994.

Conn, Peter J. *Pearl S. Buck: a Cultural Biography*. New York: Cambridge University Press. 1996.

Dean, Robert. "Commentary: Tradition, Cause and Effect, and the Cultural History of International Relations." *Diplomatic History* 24-4. 2000.

Dean, Robert D. *Imperial Brotherhood: Gender and the Making of Cold War Foreign Policy, Culture, Politics, and the Cold War*. Amherst: University of Massachusetts Press. 2001.

Dower, John W. *Embracing Defeat: Japan in the Wake of World War II*. New York: W.W. Norton & Co. 1999.

Dower, John W. *War without Mercy: Race and Power in the Pacific War*. New York: Pantheon Books. 1993.

Fairbank, John King. *The Missionary Enterprise in China and America, Harvard studies in American-East Asian Relations*. 6. Cambridge: Harvard University Press. 1974.

Fousek, John. *To Lead the Free World: American Nationalism and the Cultural Roots of the Cold War*. Chapel Hill: University of North Carolina Press. 2000.

Gienow-Hecht, Jessica C. E. "Shame on U.S.?Academics, Cultural Transfer, and the Cold War: A Critical Review." *Diplomatic History* 24-3. 2000.

Hersey, John. *Hiroshima*. New York: A. A. Knopf. 1946.

Hersey, John and Robert Penn Warren. *Hiroshima*. New York: The Limited Editions Club. 1983. 김영희 역. 『1945 히로시마』.

Hixson, Walter L. *Parting the Curtain: Propaganda, Culture, and the Cold War*. 1945-

1961. New York: St. Martin's Press. 1997.

Hogan, Michael J. *Hiroshima in History and Memory*. New York: Cambridge University Press. 1996.

Hogan, Michael J., and Thomas G. Paterson. *Explaining the History of American Foreign Relations*, 2nd ed. New York: Cambridge University Press. 2004.

Hunt, Michael H. *Ideology and U.S. Foreign Policy*. New Haven: Yale University Press. 1987.

Huse, Nancy. *The Survival Tales of John Hersey*. New York: The Whitston Publishing Company. 1983.

Iriye, Akira. *Cultural Internationalism and World Order*. Baltimore: Johns Hopkins University Press. 1997.

Iriye, Akira. *The Cold War in Asia: A Historical Introduction*. New Jersey: Englewood. 1974.

Jensen, Richard J. *Trans-Pacific Relations: America, Europe, and Asia in the Twentieth Century, Perspectives on the twentieth century*. Westport, Conn.: Praeger. 2003.

Kammen, Michael G. *The Past before Us: Contemporary Historical Writing in the United States*. Ithaca: Cornell University Press. 1980.

Kaplan, Amy, and Donald E. Pease. *Cultures of United States Imperialism, New Americanists*. Durham: Duke University Press. 1993.

Klein, Christina. *Cold War Orientalism: Asia in the Middlebrow Imagination, 1945-1961*. Berkeley: University of California Press. 2003.

Kuznick, Peter J. *Rethinking Cold War Culture*. Washington: Smithsonian Institution Press. 2001.

Leed, Eric J. *The Mind of the Traveler: from Gilgamesh to Global Tourism*. New York: Basic Books. 1991.

Leffler, Melvyn P. *A Preponderance of Power: National Security, the Truman Administration, and the Cold War*. Stanford, Calif.: Stanford University Press. 1992.

Leong, Karen J. *The China Mystique: Pearl S. Buck, Anna May Wong, Mayling Soong, and the Transformation of American Orientalism*. Berkeley: University of California Press. 2005.

Levine, Lawrence W. *Highbrow/Lowbrow: the Emergence of Cultural Hierarchy in America*. Cambridge, MA: Harvard University Press. 1998.

May, Lary. *Recasting America: Culture and Politics in the Age of Cold War*. Chicago: University of Chicago Press. 1989.

Nadel, Alan. *Containment Culture: American Narratives, Postmodernism, and the Atomic Age*. Durham, NC: Duke University Press. 1995.

Ninkovich, Frank A. *The United States and Imperialism, Problems*. Malden, Mass.: Blackwell Publishers. 2001.

_____. *The Diplomacy of Ideas: U.S. Foreign Policy and Cultural Relations, 1938-1950*. New York: Cambridge University Press. 1981.

Perry, Lewis. *Intellectual life in America: a History*. Chicago: University of Chicago Press. 1989.

Pratt, Mary Louise. *Imperial Eyes: Travel Writing and Transculturation*. New York: Routledge. 1992.

Rosenberg, Emily S. *Financial Missionaries to the World: the Politics and Culture of Dollar Diplomacy*, 1900-1930. Cambridge, Mass.: Harvard University Press. 1999.

Rosenberg, Emily S. *Spreading the American Dream: American Economic and Cultural Expansion, 1890-1945*. New York: Hill and Wang. 1982.

Rose, Lisle A. *Roots of Tragedy: The United States and the Struggle for Asia, 1945-1953*. Westport: Greenwood. 1976.

Rotter, Andrew J. "Saidism without Said: Orientalism in U.S. Diplomatic History." *American Historical Review* 105. 2000.

Rubin, Joan Shelley. *The Making of Middlebrow Culture*. Chapel Hill: University of North Carolina Press. 1992.

Rubin, Joan Shelley. "The Modern Temper: American Culture and Society in the 1920s." *The American Historical Review* 102-2. 1997.

Sanders, David. *John Hersey revisited*, Boston: Twayne Publishers. 1990.

Shannon, Christopher. *A world made safe for Differences: Cold War Intellectuals and the Politics of Identity, American Intellectual culture*. Lanham, MD: Rowman & Littlefield Publishers. 2001.

Smith, Tony. "New Bottles for New Wine: A Pericentric Framework for the Study of the Cold War." *Diplomatic History* 24-4. 2000.

Susman, Warren. *Culture as History: the Transformation of American Society in the Twentieth Century*. New York: Pantheon Books. 1984.

Wake, Naoko. *American Survivors: Trans-Pacific Memories of Hiroshima&Nagasaki*. New York: Cambridge University Press. 2021.

Westad, Odd Arne. "The New International History of the Cold War: Three (Possible) Paradigms." *Diplomatic History* 24-4. 2000.

Tomlinson, John. *Cultural imperialism a critical introduction*. New York: Continuum.

2002.

Yoshihara, Mari. *Embracing the East: White Women and American Orientalism*. New York: Oxford University Press. 2003.

Yoshihara, Mari. "America's Asia: Racial Form and American Literature, 1893-1945." *The Journal of American History* 92-3. 2005.

_____. "Trans-Pacific Racisms and the U.S. Occupation of Japan." *The Journal of Asian Studies* 59-3. 2000.

중등도 이상 치매 환자 재가 돌봄의 어려움 _김현수

Maslow, Abraham H., *Motivation and Personality(3rd Ed.)*, Longman. 1987.

Maslow, Abraham H., *Toward a Psychology of Being*. Martino Publishing. 2011.

강신성. 「알츠하이머병에 대한 뇌과학 연구 동향」. 『KASSE 첨단과학기술 동향』 4-2. 2020.

강영실. 「재가 치매 노인의 문제행동에 관한 연구」. 『지역사회간호학회지』 11-2. 2000.

안인숙 외. 「중등도 이상의 치매 환자에서 Memantine의 치료 효과와 안전성 평가」. 『대한정신약물학회지』 18-3. 2007.

양영순 · 양현덕 · 홍윤정 외 5인. 「일상생활능력과 치매」. 『Dementia and Neurocognitive Disorders』 11-2. 2012.

오은아 · 강연욱 · 박재설 외 2인. 「치매 심각도에 따른 뇌졸중 환자의 도구적 일상생활능력 변화와 인지기능과의 관계」. 『Dementia and Neurocognitive Disorders』 6-2. 2007.

유봉구 · 김응규 · 김재우 외 9인, 「노인 치매 환자의 행동심리 증상과 부양부담과의 관계」. 『Dementia and Neurocognitive Disorders』 7-1. 2008.

대화를 통한 마음 다스림과 치유의 가능성―근대 초기 소설을 중심으로 _박성호

《대한매일신보》
《매일신보》
《제국신문》
《황성신문》
『청춘』
『학계보』

『한국신소설전집』. 을유문화사. 1968.

권보드래. 「신소설에 나타난 기독교의 의미 - 〈금수회의록〉. 〈경세종〉을 중심으로」. 『한국현대문학연구』 6. 1998.

권보드래. 「죄, 눈물, 회개」. 『한국근대문학연구』 16. 2007.

권혁건. 「나쓰메 소세키의 『第十夜』에 나타난 불안 연구」. 『일본문화학보』 28. 2006.

구장률. 「『학지광』. 한국 근대 지식 패러다임의 역사」. 『근대서지』 2. 2010.12.

김경완. 『한국소설의 기독교 수용과 문학적 표현』. 태학사. 2000.

김병학. 『한국 개화기 문학과 기독교』. 역락. 2004.

김성영. 「개화기 기독교 문학의 사상 연구」. 고려대 박사논문. 2004.

김숙희. 「나쓰메 소세키 문학과 병-신경쇠약과 히스테리의 양상」. 『일어일문연구』 69. 2009.

김종우. 『화병으로부터의 해방』. 도서출판 여성신문사. 2007.

노연숙. 「〈대한매일신보〉에 나타난 기독교적 상상력」. 『민족문학사연구』 31. 2006.

박성호. 「광무·융희연간 신문의 '사실'개념과 소설 위상의 상관성 연구」. 고려대 박사논문. 2014.

박성호. 「근대 초기 소설에 나타난 기독교와 치유의 문제-「몽조」와 「인생의 한」을 중심으로」. 『우리어문연구』 66. 2020.10.

박성호. 「신소설 속 여성인물의 정신질환 연구-화병(火病)을 중심으로」. 『Journal of Korean Culture』 49. 2020.5.

박정애. 「1910~1920년대 초반 여자일본유학생 목록」. 『여성문학연구』 3. 2000.4.

박진영. 「1910년대 번안소설과 '실패한 연애'의 시대」. 『상허학보』 15. 2005.8.

서연주. 「신소설에 나타난 여성인물의 광기」. 『여성문학연구』 34. 2015.

송민호. 『한국 개화기 소설의 사적 연구』. 일지사. 1975.

신동원. 『호환 마마 천연두-병의 일상 개념사』. 돌베개. 2013.

이재선. 『한국 개화기 소설 연구』. 일조각. 1972.

이길연. 「근대 기독교 문학의 전개와 변모양상」. 고려대 박사논문. 2001.

임기현. 「반아 석진형의 〈몽조〉 연구-인물탐구를 중심으로」. 『현대소설연구』 39. 2008.

장근호·최규진. 「신소설에 비친 개화기 의료의 모습」. 『역사연구』 35. 2018.12.

조경덕. 「기독교 담론의 근대서사화 과정 연구」. 고려대 박사논문. 2010.

조신권. 『한국 문학과 기독교』. 연세대학교 출판부. 1983.

최원식. 『한국계몽주의문학사론』. 소명출판. 2002.

최윤정. 「현상윤 소설 연구」. 『비교한국학』 24-3. 2016.12.

서우드 홀. 김동열 옮김. 『닥터 홀의 조선회상』. 좋은씨앗. 2009.

H. B. Hulbert. 신복룡 역주. 『대한제국 멸망사』. 집문당. 1999.

근대 중국 사회의 마음 다스림 – 도인양생술에서 국민체조로 _최지희

『新聞報』

『時報』

『申報』

『體育教育』

『體育硏究與通訊』

『體育雜志』

『健與美』

『國術』

『義務』

『社會日報』

高濂. 『遵生八箋』3. 成都:巴蜀書社. 1986.

王懷琪. 『訂正八段錦』. 商務印書館. 1916.

王懷琪. 『八段錦全圖』. 大東書局. 1921.

王懷琪. 『分級八段錦』. 中國建學社. 1926.

김태진. 「『서유견문』에서의 양생/위생 개념-「양생하는 규칙」의 논리 구조」. 『日本學硏究』 60, 2020.

김태한. 「군국민체육에서 신체육으로- 청말 민국시기 '체육'담론의 변화와 국민 만들기」. 『중국근현대사연구』95. 2022.

박윤재. 「양생에서 위생으로-개화파의 의학론과 근대 국가건설」. 『사회와 역사』 63. 2003.

신규환. 「衛生의 槪念史: 淸末民國期 中西醫의 衛生論」. 『東方學志』138. 2007.

오수용. 「중국 근대 체육과 교육과정사 개요-제2차 아편전쟁부터 신해혁명까지」. 『한국초등교육학회지』28-1. 2022.

梁婭紅. 「"建國"與 "救亡"大格局下的體育思潮(1927-1937)」. 華中師範大學碩士學位論文. 2013.

劉營, 孫國友, 葉瑛. 「民國時期體育思想的歷史嬗變」. 『南京體育學院學報』31-3. 2017.

劉帥兵. 「民國時期武術敎育的歷史詮釋」. 上海大學體育學院博士學位論文. 2019.

王永忠, 冉淸泉, 塗傳飛. 「我國民族傳統體育硏究取向的演進」. 『北京體育大學學報』35-3. 2012.

翁士勳. 「試論八段錦的發展與演變」. 『浙江體育學科』20-1. 1998.

魏剛, 李龍. 「論近代中西體育碰撞語境中的傳統體育養生」. 『南京體育學院學報』 28-6. 2014.

魏燕利, 梁恩貴編. 『中國歷代導引圖譜』. 濟南:齊魯書社. 2017.

陳秀芬. 『養生與修身-晚明文人的身體書寫與攝生技術』. 稻鄉出版社. 2009.

李永明. 「近代以來武術思想的演變歷程」. 『體育文化導刊』 2. 2012.

林思桐. 「西學東漸與中國近代武術教育」. 『體育文史』 3. 1992.

丁守偉. 「中國傳統武術轉型研究(1911-1949)」. 陝西師範大學博士學位論文. 2012.

肖禮元. 「明清時期養生功法八段錦的發展研究」. 福建中醫藥大學碩士學位論文. 2017.

馮濤, 楊紅偉. 「國族主義與近代中國國術運動」. 『青海民族研究』 29-1. 2018.

돌봄의 질 향상을 위한 의료인-환자 관계 _이은영

T: 대정신수대장경

Aṅguttara-nikāya, PTS.

『維摩詰所說經』(T14)

『雜阿含經』(T2)

『中阿含經』(T1)

HK+통합의료인문학연구단. 『코로나19 데카메론』 2. 모시는사람들. 2021.

공혜정 · 박성호 · 양영순 · 이은영 · 이향아 · 정세권. 『환자란 무엇인가』. 모시는사람들.
    2023.

권상옥. 「의료인문학의 성격과 전망」. 『의철학연구』 5. 2008.

김종우. 「의학적 상황에서의 고통관에 대한 전인적 성찰-과학주의에 대한 종교-철학적
    비판을 통하여」. 연세대학교 대학원 신학과 박사학위논문. 2020.

목광수 · 류재한. 「현대 다원주의 사회에 적합한 자율성 모색: 역량 중심 접근법에 입각한
    관계적 자율성과 다형적 모델을 중심으로」. 『한국의료윤리학회지』 16-2. 2013.

반덕진 · 박성식. 「사상의학(四象醫學)에서의 의사-환자의 관계에 대한 연구」. 『사상체질
    의학회지』. 2008.

에릭 카셀. 『고통받는 환자와 인간에게서 멀어진 의사를 위하여』. 강신익 역. 코기토.
    2002.

이광수. 『사랑』. 하서출판사. 2008.

이상덕 · 박성호 · 이은영. 「Creating the East Asian Medical Ethics Based on 'Buddhist-
    Christian Love'-Focused on Gwangsu Lee's "Love"」, 제2회 중한의료인문학국제
    학술대회 자료집. 2022.

이은영. 「불교의 황금률 고찰」. 『동아시아불교문화』 42. 2020.

이향순. 「한용운의 박명에 나타난 보살도의 이상과 비구니의 근대성」. 『한국불교학』.

한국불교학회. 2008.

장동익. 「계약 개념과 의사와 환자의 관계 모델」. 『인문과학』 51. 2013.

한용운. 「박명」. 『한용운전집』 6, 불교문화연구원. 2006.

Beauchamp, T. L. & Childress. 『생명의료윤리의 원칙들』 제6판. 박찬구 외 역. 부크크. 2017.

Marcum, James A. *An Introductory Philosophy of Medicine: Humanizing Modern Medicine*. Springer. 2008.

김현수　경희대학교 인문학연구원 HK+통합의료인문학연구단 HK연구교수. 동
　　　　국대학교 철학과를 졸업, 동 대학원에서 박사학위를 받았다. 주요 저서
　　　　와 논문으로는 『출산의 인문학』(공저), 『출산, 대중매체를 만나다』(공
　　　　저), 「고통받는 환자의 온전성 위협과 연민의 덕」, 「의철학적 관점에서
　　　　본 장자 중 중국고대의학사상의 면모 : 질병과 질환을 중심으로」 등이
　　　　있다.

박성호　경희대학교 인문학연구원 HK+통합의료인문학연구단 HK연구교수. 고
　　　　려대학교 국어국문학과 졸업, 동 대학원에서 박사학위를 받았다. 주요
　　　　저서와 논문으로는 『화병의 인문학』(공저), 『의료문학의 현황과 과제』
　　　　(공저), 『감염병을 바라보는 의료인문학의 시선』(공저), 「한국근대소설
　　　　속 신경쇠약과 결핵의 인접 관계에 대한 인식의 형성과 구체화」, 「좀비
　　　　서사의 변주와 감염병의 상상력」 등이 있다.

이동규　경희대학교 인문학연구원 HK+통합의료인문학연구단 HK연구교수. 고
　　　　려대학교를 나와 동대학원 석사학위와 미국 컬럼비아 대학교 석사학
　　　　위를 취득하고 홍콩대학교에서 박사학위를 받았다. 주요 논문은 "The
　　　　Solution Redefined: Agricultural Development, Human Rights, and Free
　　　　Markets at the 1974 World Food Conference", 「식량과 인권: 1960년대 후
　　　　반 식량농업기구의 '기아로부터의 자유운동'과 사회경제적 권리」, 「곡물
　　　　대탈취: 1973년 미국-소비에트 곡물 거래와 국제 식량 체계의 위기」 등
　　　　이 있다.

이은영　경희대학교 인문학연구원 HK+통합의료인문학연구단 전(前) HK연구교수. 경희대학교를 나와 동대학원에서 철학박사 학위를 받았다. 주요 저서와 역서, 논문으로는 『감염병을 바라보는 의료인문학의 시선』(공저), 『의철학과 의료윤리 연구의 현황과 과제』(공저), 『마인드풀니스』(공역), 『각성, 꿈 그리고 존재』, 「자리이타의 호혜적 의료인 환자-관계」, 「불교 의료윤리-의사, 간병인, 환자 윤리를 중심으로」, 「불교의학의 질병관」 등이 있다.

최우석　경희대학교 인문학연구원 HK+통합의료인문학연구단 HK연구교수. 서강대학교를 나와 같은 학교 대학원에서 철학석사를 받은 후 경희대학교에서 철학박사 학위를 받았다. 미국 포담 대학과 벨기에 루벤 대학 초청 방문학자 연수를 했으며 현재 현상학으로 윤리, 건강, 질병, 죽음에 대해 연구하고 있다. 주요 저서와 『죽음의 인문학』(공저), 『후설의 윤리학과 상호주관성』(역서), 「현상학과 우울증」, 「현상학과 질병」 등이 있다.

최지희　경희대학교 인문학연구원 HK+통합의료인문학연구단 HK연구교수. 전남대학교 사학과를 졸업하고 중국 난카이대학에서 박사학위를 받았다. 주요 논문으로는 「청대 사회의 용의(庸醫) 문제 인식과 청말의 변화」, 「청대 의약업의 성장과 약목(藥目)의 출판」, 「청대 의약시장의 상업화와 '매약'」, 「청대 의약시장의 변화와 '가짜약' 논란」, 「청말 민국 초 전염병과 의약시장: 콜레라 치료제의 생산과 광고를 중심으로」 등이 있다.

찾아보기